Money錢

Money銭

Money錢

Money錢

豬力安
親子理財教練

學校沒教，但孩子一定要學的 9堂理財課

豬力安（李彥慶）—— 著

Money錢

Contents 目錄

Part 1 理財篇

第1課 和孩子談工作收入：要理財得先有財可理

第2課 和孩子談消費支出：從食衣住行認識預算概念

第3課 和孩子談金融世界：
通膨、利率和生活密不可分

第4課 和孩子談投資：
認識資產與負債的基本觀念

理財
是下一代需要的新教育

葉丙成 ｜ 無界塾創辦人 ／ PaGamO 創辦人

在我小時候的年代，台灣社會並不是很重視對下一代的理財教育。在我們這一代，我們被教育的是：要好好讀書、好好找工作、好好存錢、不要亂賭，就能有財務相對穩定的生活。這樣的思維，在過去二、三十年，或許有效。然而，對於下一代的孩子們，這樣的思維已然不足，他們需要更與時俱進的理財教育。

為什麼理財教育對我們的下一代，會比對我們這一代更重要呢？首先，這個時代已經不像過去的年代。過去，世界變化沒有那麼快、全球化的競爭也沒那麼激烈。所以在以

前，一個有市場價值的工作，很可能經過了二、三十年，還是有其市場價值。當你做的是有市場價值的工作，很可能到你退休之前都還能保有這樣的市場價值，財務的風險也因而不大。

然而當下，產業更迭很快，一個很有市場價值的工作，可能過個 5 年就開始走下坡。原因可能除了產業的更迭外，還包括線上學習的普及化。一個很有市場價值的工作技能，可能在幾年內就有很多人透過線上的資源都學會了。結果市場願意付這類工作的薪水，也跟著縮水。

換言之，我們下一代孩子長大出社會後，他們所面對的財務風險會比我們這代人大很多。因為他們無法確定自己工作是否能穩定地持續 20 年保有市場價值。他們也無法確定當自己現有工作的市場價值縮水時，是該繼續死守原來的跑道？還是要做個賭注花時間去學別的技能、換到別的跑道？

這是我們的下一代，在未來二、三十年要時常面對的風險與焦慮。

要如何才能克服這樣的風險與焦慮？一個年輕人如何在

這麼不穩定的時代，降低自己財務上的風險？如何在財務上讓自己有足夠信心敢換下一個跑道？如果年輕人能越早對理財有所了解，越早開始利用時間複利的效應，他便越有機會在財務上有所累積，進而更有信心面對自己人生層出不窮的新挑戰。

理財教育是我們下一代孩子很需要的新教育，但我們該怎麼教呢？

豬力安老師的這本書，我很推薦給爸媽們。豬力安老師自己是全職的投資者，幾年前他有感於理財教育對下一代孩子的重要，開始針對孩子們設計理財教育的教材、桌遊，並且在我們無界塾實驗教育機構開課教導學生們。幾年下來，他累積越來越多經驗，也開始開設親子理財工作坊，幫助更多認同理財教育重要性的家長，教會他們孩子關於理財的概念。

我很高興看到豬力安老師，願意把他這些年來所研發的教材再提煉，變成這本好書。他從各種不同角度切入，不只是談金錢觀、不只是談儲蓄，還跟孩子談理財計畫、談退休、

談各種投資工具。書裡面也建議了爸媽可以跟孩子做什麼樣
的討論，讓孩子對理財跟金融更有概念。

這是一本幫助你教孩子理解理財的好書，衷心推薦給也
認同理財教育重要性的爸媽和老師們！

親子共讀 讓孩子愛上理財

愛榭克（Izaax）｜智富月刊和財訊雙週刊專欄作家

和豬力安結緣已經超過 10 年了，回想當時，我們都還年輕，懷抱著對於投資市場的熱忱，一股腦的想將絕活投報於社會大眾。十多年來，我們走上了不同道路，我始終專注於總經領域，總期待能從數字中找尋投資方向，更多的精力用於追求個人財富的增長（當然，也希望讓更多讀者能夠一起增長），最終希望讓「財務自由」不再是夢想，而是一個可以達到的境界。

這樣的追求，不能說膚淺，但顯然僅側重小我的實現，無論再成功，終究是小眾市場的火花，而非全體社會福祉

的提升。然而，豬大從一開始，就和我似乎是在不同的路上。同樣是追求財務自由，一路上，他不但成就自己，還花費了更多心力在教育領域。

　　無論是早年寫給成年人的投資入門著作，再到近年對兒童、青少年的理財課程，透過桌遊、與實驗教育機構合作，以及推廣「金雞計畫」，都進一步讓理財教育向下紮根，可以說，豬大正在推動一場運動——讓理財教育不再是一句口號，而是從小開始的人生課題學習。

　　深讀本書，可以深刻體會到豬大的用心和匠心獨具。身為人父，豬大帶領我們如何引起孩子的學習動機——人不理財、財不理你。唯有小孩認知理財是一件有趣的事情，才能讓他們真的靜下心來領略其奧秘。接下來，如何讓理財不是枯燥的數字，而是能融入日常生活中實踐，每天的時事波動，都是最好的投資教育素材。

　　不知不覺中，閱讀完本書，不但孩子能夠以有趣且有效率的方式，清楚了金錢世界的運作，更重要的是在教學相長之間，父母也能重新檢視自己的理財觀是否仍舊維持高運作

水平，不迷失在某些市場的誘惑或謬誤之中。

　　為此書作序是種責任，但對我來說更是一種愉悅。同樣身為孩子的爸，這本書可說是解決了一個大難題——如何教導孩子理財？豬大作為社會大眾的理財導師，不吝和我們分享其洞見，我和我的家人可說是受益良多，在學習理財知識的同時，又大大增進了親子關係，真可謂一舉兩得。感謝之餘，更要再次推薦這本難得的佳作！期待你能和我一樣喜歡這本書。

用金雞計畫
打造人生財務安全網

「 **孩** 子主動把壓歲錢拿出十分之一捐助土耳其震災，剩下的投資在他喜歡的 500 大公司 ETF 上，懂得存錢投資，也願意幫助別人，看到孩子的成長真的很開心。」

每次看到家長和學生的回饋，總讓我有滿滿的感動與驕傲。但坦白說，我從沒想過自己有一天會成為老師。

💲 不需要成為專家 也能做好理財

年輕時，我總以專業投資人自許。為人父母之後，還一度天真地以為，孩子長大後應該會子承父業。不過，說來諷刺，2014 年時我卻因為投資情緒管理不成熟（貪婪作祟疏

忽風險控管），而面臨「中年危機」，這才赫然發現，耗費 10 多年的「專業投資生涯」結果居然還是不及格。

幸好，危機就是轉機，我發起同好間的交流，也因此結識了 Izaax 愛榭克等多位「投資大神」，其中更不乏管理資金高達數十億、甚至上百億的隱形高手，感謝這些貴人們，讓我得以重新認識自己的盲點。

另一方面，我也開始反思，如果孩子未來對投資理財沒有熱忱，是否有更簡單可行的投資方式，但同樣能獲得合理的報酬？

本書第二部分的「金雞計畫」就是我的答案，只要懂得運用孩子最富有的資產——時間，不需要成為投資專家，也能獲得出色的長期投資成果，這就是我投入理財教育的初衷，而本書正是一本人人都有機會成為贏家的投資指南！

💲 金雞計畫解決家長的財務焦慮

身為家長，我也有「望子成龍、望女成鳳」的期許和焦慮。

回顧我的成長過程，在傳統的填鴨式教育下，一切分數至上，似乎唯有取得好成績，人生才有希望。可惜我並不擅長考試，成績多半在中等水平，更可惜的是，除了考試，我也不知道未來的方向在哪。

事後回想，相較於許多國際投資大師在 10 多歲就開始參與金融市場，我一直覺得自己到 20 歲多歲才開始認識投資理財實在太晚了。回想高中、大學、研究所所學幾乎都和投資理財無關，所以我常覺得自己浪費了近 10 年的寶貴光陰。如果可以早點開始探索，釐清未來的方向，「或許」人生就會大不相同。

由於成長背景使然，我成了一個不重視分數和學歷的家長，只希望孩子能及早開始探索自己的興趣，保持好奇的態度，我相信只要找到動機與熱忱，學習自然水到渠成。

不過我也可以理解，還是有許多家長擔心，沒有好成績就沒有好學校、沒有好學校就沒有好工作、沒有好工作就沒有好收入、沒有好收入就沒有好生活……畢竟，包括我在內，我們多半是這樣被教育長大的。說到底，還是擔心錢的

問題。

　　然而，當我完成了金雞計畫的構想並付諸實行之後，這些焦慮也隨之煙消雲散。因為我知道，就算我的孩子不是學霸、就算從事的工作只能領基本工資，一樣可以透過金雞計畫幫自己準備好人生的財務安全網，金雞計畫就是支持孩子探索學習熱忱的最佳財務支柱。

$ 別只爲了分數努力 讓孩子更快樂

　　我在 2019 年暑假開啟了這個預計為期 10 年的長期實驗，帶著孩子用壓歲錢每月定期定額投資，平均每天只要 66 元的銅板資金，我相信只要及早開始、按部就班執行，安心退休的財務規劃就不會是他們人生的痛點。如果歷史經驗可以借鏡，孩子們很可能養成一隻價值千萬、甚至億萬的退休「金雞母」！

　　這也開啟了我對教育的新視野，如果連退休都不是問題，那麼孩子們或許就可以不再只是為了分數而學習，可以更有勇氣去探索和追尋心中真正的學習熱忱所在！

　　因緣際會，就在 2020 年，很榮幸、也很感謝葉丙成老師的邀請，讓我有機會在中年階段，斜槓成為一個菜鳥老師，開啟全新的人生體驗，原來從事教育比從事投資更有意義！

　　因為現在的我可以懷著滿滿的熱忱，向更多學生傳承，也和更多家長、老師分享。看著同學們一點一滴的進步與成長，能更認識自己（理財偏好）、也更認識世界（金融環境），這應該算是我人生下半場的小確幸吧！

　　現在，我也把這些觀念整理成文字，我的理財教案、教學理念與心得都濃縮在這本書裡了，歡迎關心理財教育的你，一起加入「金雞計畫」的行列吧！也期待你能幫助更多孩子邁向屬於自己的財務自由！

（李彥慶）

打開學習地圖
和孩子一起「玩理財」

「**老**師，其實我們自己都不太懂理財，實在不知道要怎麼教孩子理財」。

「老師，學校要求我們提升金融理財教育，可是我們不知道要怎麼教」。

我常遇到家長、老師對我這麼說。不過，我也遇過家長對我說：「老師，我覺得我的孩子不需要學理財，萬一學了之後亂買股票，把家產都賠光怎麼辦？」

你也有類似的困擾嗎？

雖然我們常說「投資理財」，但事實上「投資」和「理財」其實是兩個不同的觀點，很多人卻在無意間混為一談了。

就字面上來說，「投資」就是投入資金，追求資產的成長；而「理財」則是管理錢財，涵蓋了更廣泛的財務行為，舉凡收入、

儲蓄、投資、消費、捐款、融資……都屬於「理財」的範圍。

　　圖表 0-1 是我們「玩理財」的課程架構，圖中的每個區塊，都代表了不同理財觀念，例如創造收入、消費支出、捐款回饋等，由此可知，「投資」只是眾多「理財」行為之一而已，千萬別再搞混了！

　　有鑑於此，本書將分為兩大部分，第一部分先著重在基本

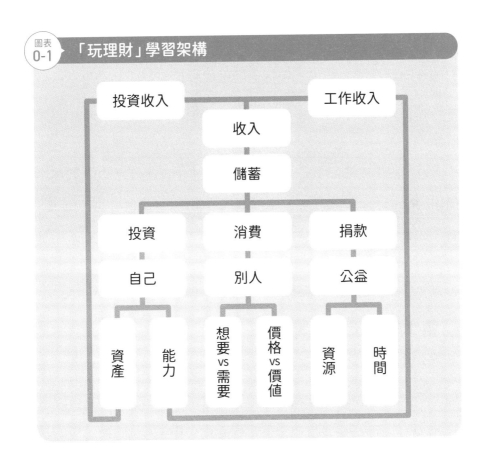

圖表 0-1　「玩理財」學習架構

「理財」觀念的建立，第二部分才會深入「投資」，介紹我的 10 年投資實驗——金雞計畫，說明如何透過定期定額、被動投資大盤指數 ETF 的方式，幫自己（孩子）養一隻「金雞母」，實現自由退休的目標。

讀者可以根據自己的需求，選擇感興趣的單元優先閱讀，當然，如果你已經是經驗豐富的投資高手，或是迫不及待想先了解如何參與「金雞計畫」一窺究竟，也可以直接先從第二部分開始。

不論你是家長或老師，本書都很適合作為親子或師生間引導討論理財話題的入門書，包括自認理財程度屬於「幼幼班」的成年人，或是學習企圖心強烈的學生們，相信都可以在本書中有所收穫。

特別說明，由於我的教學對象主要是小學五年級以上到高中階段的學生，所以當我在書中提到「孩子」、「學生」或「同學」時，如果沒有特別註明，那麼就是泛指這個階段的中小學生，請讀者們留意。

⑤ 第 1 課：工作收入

在第一部分「理財篇」，我們會分別討論圖表 0-1 的各個單元。第 1 課會先從右上角的「工作收入」作為起點，因為理財要有先收入才有財可理。透過親子訪談，引導孩子認識工作的甘

苦，並探索未來可能的方向。

$ 第 2 課：消費支出

有了收入，就有「儲蓄」，但要如何善用「儲蓄」呢？學生階段最常接觸的理財行為大概就是「消費」了，所以第 2 課會討論這個主題。除了釐清想要與需要，更重要的是學會量入為出，避免成為月光族。

$ 第 3 課：金融世界

第 3 課介紹理財的兩大隱形支柱，分別是「時間」與「貨幣」。時間包括「通膨」與「複利」的影響；而貨幣則包括「銀行」與「信用」等現代金融議題的討論，本課旨在認識金融環境的演變，讓孩子明白學習理財的重要。

$ 第 4 課：投資

第 4 課將初步討論「投資」的觀念，如圖表 0-1 所示，我們將「投資」分為兩個部分，右側是廣義投資自己的「能力」，例如在學校的學習、校外的才藝培訓等，這些都是家長對孩子們的無形投資，透過時間累積，幫助孩子們養成產生工作收入的能力。

左側則是對「資產」的投資，學習運用合適的工具，讓錢幫

我們賺錢，具體內容會在本書第二部分介紹。

$ 第 5 課：理財計畫

　　第 5 課是上半部的總複習，我們會先和孩子討論「退休」這個看似遙遠的議題，藉由認清少子化、老年化的趨勢，激發孩子們的學習動機，再進一步介紹如何透過開源節流、預算分配等觀念，和孩子一起建立一個真正受用一生的理財計畫。

$ 第 6 課：利他思維

　　「有錢就會比較快樂嗎？」當我在課堂上提出這個問題時，很高興絕大多數學生答案都是否定的。所以在上半部壓軸的第 6 課，我們將討論「公益」這個主題，因為我希望孩子除了追求經濟上的富裕之外，更能學習追求精神上的富裕！透過助人為善這個傳統又有效的方法，發揚利他精神，讓自己成為財務與心靈上的「雙重富豪」。

$ 第 7 課：投資工具

　　第二部分的「投資篇」，我們將開始討論圖表 0-1 左側的「資產」與「投資收入」。第 7 課會介紹各種常見的投資工具及其優缺點，包括股票（債券）、基金、ETF，以及投資的風險。

$ 第 8 課：金雞計畫

第 8 課是本書的核心，我們將介紹如何藉由定期定額投資大盤指數 ETF，從小開始累積複利，只要平均每天 66 元的銅板資金，就可以做好退休金的準備與規劃。

$ 第 9 課：退休計畫

延續前一課內容，第 9 課將說明如何透過「資產配置」，在退休後管理耗費一生養成的「金雞母」，並適當地從中提領「金蛋」，享受樂活人生。

接下來，就讓我們一起和孩子來認識如何「理財」吧！

理財篇

PART1

\ 和孩子談工作收入 /
要理財
得先有財可理

大家有沒有想過，以後想從事什麼工作呢？

老師，我以後想當 Youtuber

老師，我以後想當程式設計師

老師，我不知道以後要幹嘛欸……

近年來由於科技進步，影音平台普及，帶動了許多自媒體的蓬勃發展。學生們未來的「志願」也跟著時代改變，根據我個人不嚴謹的估計，在我們的課堂上，大約有超過 30% 以上的中小學生，長大後的目標是希望成為「油土伯」（Youtuber），也就是自媒體影音頻道的經營者。

事實上，我遇過幾位「早熟」的國中生，已經擁有小說出版、配樂編曲、程式設計等「工作經驗」，其中還有一位真的就是擁有上萬粉絲追蹤的少女 Youtuber 呢！

不過，大部分同學對於未來其實仍懵懵懂懂，也缺乏實際的工作經驗。這很正常，卻也有些可惜，所以我們的課程會安排不少時間和學生討論工作與收入的意義，同時透過訪問爸媽或家人，進行小組討論與分享，讓學生認識不同行業的工作內容，以及其中的甘苦與價值。

如圖表 1-1 所示，工作收入是理財的起點，有了收入才有財可理，所以第 1 課我們就先來討論這個議題吧！

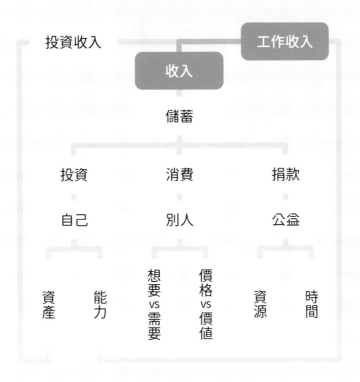

圖表 1-1 工作收入是理財的起點

工作創造收入
錢不會從天上掉下來

我常說：「理財的第一步，要先有財可理」。工作，就是獲得收入的第一步，對於成年人來說，透過工作獲得收入是很自然的方式。對學生們來說，雖然還在培養能力的階段，不過隨著科技的發展，也開始出現不少小小 Youtuber、小小程式設計師……或某種新興的工作型態，賺的收入甚至比成年人一輩子努力工作還要高！

不過，這樣的個案畢竟還是少見特例，對大部分同學而言，工作仍是相對遙遠的事情，根據我的觀察，有些學生甚至連家事都不曾做過，更別說是打工賺錢了。所以一般學生的收入來源，不外乎爸媽給的零用錢，或是長輩逢年過節發的壓歲錢（關於如何規劃使用，在章節 1-4 會進一步討論）。

「你們知道自己的爸爸媽媽從事什麼工作？是如何賺錢養育

你們的嗎？」

很可惜，我發現大部分孩子都不太清楚家長的具體工作內容，汗顏地說，包括我的孩子也是如此。所以我特別設計了一份訪談作業，希望透過親子對談，讓孩子們對爸媽的工作有更多認識。最重要的是，藉此讓孩子明白，工作是一種幫助別人、解決問題、創造價值而獲得收入的過程，像是醫生治療病人、廚師製作料理、老師教導學生等，都是解決問題、創造價值的途徑。

我常聽到許多家長說：「工作賺錢很辛苦」，當然，每一種工作都有辛苦的地方，但平心而論，也都有樂趣與成就感所在，但我們是否和孩子討論過呢？所以我希望透過這樣的訪談，**幫助孩子認識工作的正面意義，並引導孩子學習觀察更多不同的工作類型，進而思考自己的興趣與方向，以及應具備的能力與態度**，讓工作不再只是辛苦的事，而是一件可以開心又有趣的事！

💲 引導式對話理解工作內涵

以下節錄孩子與我進行的「工作訪談」，分享給讀者們參考，家長們也可以請孩子列出想問爸媽工作的一些問題，然後來一次親子對話。

Q1 ｜爸爸的工作是什麼？

嚴格來說，我有兩份工作，首先，我的本業是股市投資人，

就是透過買賣股票、基金來賺錢。第二份工作是老師，這其實是一個「斜槓」，就是兼差工作的意思，主要是教導大、小朋友們學習投資理財。

Q2 ｜爸爸當初為什麼會從事這份工作？

關於投資的工作，其實我在學生時期念的是資訊科系，不過後來發現如果只靠資訊工程師的薪水，要買房、成家好像都不太容易。而我觀察到許多長輩，或者所謂的有錢人，幾乎都有投資股票，這似乎是一個可以增加收入的管道，所以當初只是單純想多賺一點錢，於是開始研究股票投資，摸索了一陣子之後覺得很有趣，所以投入這項工作至今。

至於老師的工作，算是緣分。以前自學投資時，我就常常舉辦讀書會或社團活動，和朋友一起研究、教學相長，累積了不少教學經驗。這幾年也因為你們漸漸長大了，我覺得可以開始教你們認識理財，剛好很榮幸受到葉丙成老師的邀請，就這樣踏入理財教育領域，搖身一變多了老師的身分。不同的是以前的教學對象是大朋友，現在教學對象主要是小朋友們。

Q3 ｜這份工作是如何賺錢？例如解決了什麼問題？或創造了什麼價值？

投資人賺錢的方法主要是買賣股票。例如 1 股用 10 元買進，等股價上漲到 20 元賣出，這樣每股就有 10 元的獲利。想像一

下我們在超商買的飲料，假設超商向飲料公司買進飲料的成本是每瓶 10 元，而賣給我們一般消費者的售價是 20 元，這 10 元的價差就是超商的利潤（毛利）。

不過股票和飲料不同，股票代表一家公司的所有權，所以買股票就等於是買進公司所有權的一部分，簡單說就是當小老闆的意思，如果公司經營得好，股價就有機會上漲，投資人就可以賺錢。所以從事投資工作，必須懂得分辨公司的好壞，尋找有潛力、有價值的公司投資，才能提高賺錢的機會。

一般來說，如果一家公司需要錢擴張規模時（例如開分店），除了向銀行借錢，也可以透過發行股票的方式來獲得投資人的錢，所以投資人提供的價值，我認為就是實際用錢支持好公司的發展。此外，從另一個角度來看，這份工作的價值就是可以賺到照顧我們一家生活所需的錢。

至於老師的工作和價值應該比較容易理解，就是透過上課教學、分享知識經驗、解答學生疑惑、幫助學生成長等方式，收取學費獲得工作收入。

Q4 │ 這份工作有什麼辛苦的地方嗎？

一般人上班只要把工作做好，就可以領到薪水或獎金。但投資人的工作是買賣股票，如果判斷錯誤，或者因為某些外在因素（例如 2022 年的烏俄戰爭、通貨膨脹等），導致投資的公司股

價下跌時，不僅可能沒有收入，還可能會賠錢。這是投資人和一般工作者最大的不同，也是最有壓力的地方。

至於老師的工作，像是教學內容無法讓學生理解，或是學生上課不專心，又或是學生寫作業的狀況不理想……這些都是會讓老師覺得挫折的情況。

Q5 │ 這份工作有什麼樂趣或成就感？

投資要做許多功課，例如研究公司、經濟環境，才能提高賺錢的機率。所以如果因為自己努力研究而賺到錢，證明自己的眼光判斷正確，就會有很大的樂趣和成就感。

另外，像我這樣的專職投資人可以不用每天到公司上班，所以時間比較彈性，能夠自由安排，例如趁著平日大家都在上班的時候出遊，可以避開假日擁擠的人潮，也算是這份工作帶來的樂趣之一吧！

至於老師的工作，我覺得最大的樂趣和成就是可以幫助學生成長，不論是學習新知識、新技能，或是克服挑戰、突破困難，只要看到自己分享的知識或觀念可以讓學生變得越來越好，就是最大的樂趣與成就。

Q6 │ 有什麼難忘的挑戰或有趣的故事嗎？

在 2020 年初新冠病毒疫情剛爆發的時候，全球股市都因為恐慌而大幅下跌了 30% ～ 40% 不等的幅度，也就是說，如果剛

好在疫情前投資股市，每投資 100 元，可能只剩下 60、70 元，這是相當嚴重的損失。

當時我按照自己的經驗與判斷，幸運地避開了下跌的損失。不久之後，雖然疫情快速蔓延，但股市卻因為政府與央行的振興政策而大幅上升，我也幸運地重新回到股市，把握這一波大漲的多頭行情。

雖然很多人質疑疫情如此嚴重，經濟怎麼可能會好？股市怎麼可能會漲？結果全球主要股市卻陸續從當時的低點上漲了 70%、80% 或更多，我在當年的獲利超過 100%，是一次畢生難忘的經驗。

Q7｜如果未來想從事這份工作，需要哪些關鍵技術或能力？

以醫生為例，醫生有很多種，例如內科醫生、外科醫生、小兒科醫生、婦產科醫生、精神科醫生，同樣的，投資人也有很多不同類型。

如果從「研究方法」的角度來看，我把股市投資人簡單分為兩大類，第一類偏「量化」研究，也就是透過各種統計資料進行數字分析，找出最合適的投資標的或時機。第二類偏「質化」研究，凡是不易透過數字呈現的資料，都算是「質化」的範圍，例如公司發展方向、產品競爭力、老闆的誠信、員工的士氣、客戶品牌忠誠度等等。

偏好「量化」研究的投資人，對數字的敏銳度很重要，還有邏輯推理能力，可能還得具備一定程度的程式設計能力；偏好「質化」研究的投資人，因為需要大量蒐集非數字資料，工作內容和記者或偵探有幾分相似，必須廣泛地彙整各種消息來源，所以經營人脈與溝通訪談的能力就顯得相當重要。

不過這只是一個簡單的分類，實際上投資人都需要這兩種類型的能力，只是偏好的比重不同。

至於老師的工作，因為主要是傳授知識、解答疑惑，我認為要有良好的表達與溝通能力，才能把複雜的知識轉化為簡單易懂的語言，這種化繁為簡的技術不可或缺。

Q8 │有其他補充的嗎？

有些人以為專業投資人一定是賺進大把大把的鈔票，但就我所知，每個行業表現頂尖的人是相對少數。舉例來說，如果單純以數字規模來衡量，我所認識的專業投資人當中，有年收入達上億的「大神」級人物，但這樣的案例屈指可數；相對地，更多的是年收入上百萬的投資人。

以後者的收入水平，其實在各行各業屢見不鮮，所以並不是成為專業投資人的收入就一定高於其他行業，所謂行行出狀元，專業投資人也只是一種工作型態而已，最重要的，我認為還是對工作本身的熱忱。

⑤ 增廣孩子見聞 培養需要的能力

除了上述這些問題之外，家長也可以簡單分享自己一天的工作行程，更有助於孩子理解實際的工作情境（可參閱附錄 1「專業投資人的一天」）。

以上就是我個人的工作觀點分享，歡迎家長和老師們找機會和孩子、學生們討論。當然，對年紀比較小的孩子來說，因為生活經驗有限，對工作的認知也相對受限，在討論時可以搭配一些影片或圖片介紹，更能強化孩子對工作內容的認識。

當訪談告一段落之後，家長可以反問孩子：「你長大以後會想從事這樣的工作嗎？為什麼？如果不想的話，目前有想做的工作嗎？」

我家長女在幼兒園時夢想成為烘焙師傅（因為喜歡吃蛋糕？），不過進入小學高年級之後，或許是語文能力提升，也可能因為沉迷韓劇，開始覺得作家、編劇、導演等相關工作很有趣。至於長男，目前則是嚮往成為畫家。

其實孩子們在成長階段，想法一直改變是很正常的。身為家長或老師，能做的就是鼓勵與陪伴，並且串聯更多資源，幫助孩子增廣見聞，找到合適的夢想工作機會。

所以，疫情期間我曾嘗試和孩子一起錄製 Podcast（Youtube）專題——和孩子談各行各業，邀請各行業的家長和

孩子們分享自己的工作，甚至實地參訪，讓孩子認識不同的工作實況，也是一個很有趣的學習過程。

雖然每個工作都有辛苦的地方，但相對也有成就感來源，例如透過解決問題、創造價值，進而產生收入、照顧家人，這也是工作的意義與樂趣所在。如果能夠啟發孩子思考自己所需的能力，積極地探索、培養相關技能，那麼這份訪談就有意義了。

工作探索其實需要投入許多時間累積，我只能拋磚引玉，歡迎爸媽、老師們參考本課的例子，找機會多和孩子談談這個主題吧！

1-2

製作第一份履歷
找出孩子的興趣

除了訪問爸媽之外，在課程裡我也會透過「面試遊戲」，讓同學們練習在極短的時間內介紹自己，並且輪流扮演「老闆」或「面試官」的角色，評估是否要「雇用」參與面試的同學。

如此不僅可以讓孩子體驗求職的氛圍，更重要的是可以學習換位思考，從「被面試」的角度轉換到「面試官」的角度，藉此觀察什麼樣的人才與能力，會比較容易獲得肯定與青睞，進而激勵自己的學習目標與態度。畢竟這樣的經驗就算是對成年人而言，也未必是常有的機會，爸媽們有空也可以在家和孩子嘗試「角色扮演」。

不過，我也發現在準備「履歷」的過程中，當我問到同學們的「優點」或「特質」時，有極高比例的同學常常想了半天還是

圖表
1-2 ▸ **孩子的履歷範例**

✎ 我想應徵的工作（公司）：

_____

_____

✎ 我的興趣：

_____

_____

✎ 我的優點與特質：

_____

_____

✎ 我的專長或得獎紀錄：

_____

_____

✎ 我的特殊經歷：

_____

_____

✎ 我能為公司創造的價值：

_____

_____

✎ 我期待的薪水：

_____

_____

想不出半點眉目，不然就是支支吾吾地不敢作聲，顯得非常沒有自信。

$ 鼓勵孩子展現自己優點

我不知道這是不是台灣人特有的現象，**我們從小就被教導謙虛是美德，但很少被鼓勵在公眾面前大方展現及肯定自己的優點**，甚至從沒好好觀察自己的優點到底是什麼？這是讓我覺得非常可惜的地方。

所以當遇到語塞的情況時，通常我會根據同學感興趣的工作方向引導：「如果要成為一個出色的 _____（某種職業），你會想到誰？你覺得他有哪些優點和特質？」

經過這樣的換位思考之後，同學們通常可以放膽說出一連串答案，甚至台下的同學會跟著你一言、我一語熱鬧地補充起來。這時我就會順勢請同學想想看，自己是不是也有類似的優點或特質？如果還沒有，可以怎麼培養或練習？或者自己有哪些其他優點及特質也很適合這項工作？經過一番討論之後，加上適時的提醒與鼓勵，我發現同學們明顯會比上課前多了幾分自信與從容。

在模擬面試的最後階段，我會請同學們練習說出：「我能為公司創造什麼價值？」雖然同學們的答案未必準備充分，不過藉由這樣的刺激，讓孩子有機會探索自己美好的一面，並積極地表

現出來。在這個資訊爆炸的時代，讓「老闆」能快速看到自己的亮點，我認為也是一種非常重要的練習。

對於中學階段的同學，或者工作興趣已經很明確的同學，我們在課堂上也會示範如何運用人力銀行網站的薪資資料庫，或透過更廣泛的網路搜尋，認識相關工作未來可能的起薪及待遇。

可惜礙於時間，在課堂上討論的深度通常有限，而且孩子的目標在發展過程中仍然可能會有很多變化，所以我還是鼓勵爸媽、老師們可以試著找機會多和孩子談談，問問孩子未來是否有想從事的工作？以及對這份工作的認識與期待，陪孩子一起研究具體的工作內容、必備的專業能力、薪資待遇福利、未來的成長目標……相信會是一個很棒的對話！

1-3

從 4 項工作分類
建立被動收入觀念

般工作，通常會根據行業或職業來分類，例如金融業、電子業、軟體業，或者醫生、律師、老師。不過我曾在「富爸爸」系列的書中讀到一種有趣的工作分類方式，是根據收入的主要來源，將工作分為 E、S、B、I 四大類型，而且每個人的屬性可能不止一種，這一節就讓我們一起來認識這 4 種分類吧。4 種工作類型的定義，如圖表 1-3。

💲 認識 E、S、B、I 工作差異

以下我會用「老師」和「投資人」這 2 種職業來進一步說明這 4 種分類的主要差異，首先以「老師」為例。

E型員工 學校老師

如果我是一位在學校受聘、領薪水教課的老師，就屬於 E 型

圖表
1-3 E、S、B、I 工作分類

員工（Employee）
收入：薪水
例：學校老師

企業主（Business Owner）
收入：股利分紅
例：私校校長

自僱者（Self-Employed）
收入：提供服務
例：講師等專業人士

投資人（Investor）
收入：投資收益
例：私校股東

資料來源：「富爸爸」系列書籍

員工這個分類，一般來說，學校老師的工作重點就是把課教好，不需要擔心招生問題。

S 型自僱者 專業講師

如果我是一位獨立開課的老師（專業講師），例如我每年寒暑假舉辦「玩理財」營隊，必須自己負責招生工作，就屬於 S 型專業人士。

E 型老師領有固定薪水，不需要擔心會有多少學生來上課，只要專心把課教好就可以。然而 S 型講師必須有學生才有收入，

如果沒有學生，就賺不到錢了，所以 S 型講師的工作重點除了把課教好之外，還得具備行銷招生和處理行政事務的能力，可以說是一個親力親為的小老闆。

B 型企業主 私校校長

如果我創辦了一所學校，聘請更多老師來協助授課，那我就成了「校長」，以私立學校或補習班為例，「校長」就算是一個 B 型企業主。

企業主也是老闆，但 B 型老闆和 S 型老闆有什麼不同呢？最大的差異就是 B 型老闆會聘用員工，運用員工的時間幫自己工作；而 S 型老闆大部分的時間都只靠自己工作。所以 S 型講師如果沒有開課就沒有收入；但 B 型校長不需要親自面對學生上課，而是可以聘請更多優秀的老師來授課，從中獲得收入。

可見企業主的工作重點在於打造一所優秀的學校（或稱為「系統」），並努力協助這個學校順利運作，包括教學規劃、招生行銷、教室安排、行政管理、課後服務等等，將各項工作串連起來，讓學校成為一個可以賺錢的系統，那麼企業主就可以獲得分紅，這也是企業主的主要收入來源。

反過來說，如果學校（系統）經營不順利，企業主可能就無法獲得收入，這也是 B 型工作者的風險。相較於 E 型和 S 型的工作，B 型工作的挑戰可以說是完全不同的思維。

補充說明，一般的公立學校校長，大多還是屬於 E 型工作者，也就是領薪水的上班族。事實上，有些大企業的總經理、執行長，雖然職位高高在上，但主要收入來源還是薪水或獎金，而不是經營企業獲利所得的分紅，從這個角度來看，這樣的總經理、執行長也是屬於 E 型員工，而不是 B 型企業主，這是比較容易造成誤會的地方。

I 型投資人 **私校股東**

如果我以老師的身分，出錢投資別人的學校（系統），那我就成了 I 型投資人。I 型投資人的主要收入來源和 B 型企業主相似，都只有在學校（系統）經營成功並產生獲利時，才能獲得分紅。

兩者主要的差異在於，B 型企業主通常需要出力打造和參與整個系統的經營，而 I 型投資人通常只需要出錢，並不參與系統的管理，所以 I 型投資人的工作重點在於找出優秀的系統和企業家，並以合理的價格參與投資獲得收益。

由此可知，同樣是「老師」，4 種類型的工作者卻有不同工作重點，且每個人都有機會參與不同工作類型，例如一個平常在學校教課領薪水的 E 型老師，假日時可能會自己招生開課變成 S 型講師。如果學生越來越多，就有機會聘請更多老師幫忙教學，例如成立補習班，甚至創辦一所學校成為 B 型校長。如果有好的機會，也可能投資別人的學校或系統，變成 I 型投資人。

$ 學會當 B、I 型工作者

接著，我們再針對「投資人」這個工作補充說明。乍看之下，既然是稱為投資人，那一定是屬於 I 型囉？事實上卻未必盡然。

舉例來說，有一種工作叫做基金經理人（參閱章節 7-3），就是基金公司會聘請一位專家幫大家投資，所以基金經理人的工作就是投資，但是他主要收入來源其實是基金公司提供的薪水或獎金，所以基金經理人其實是屬於 E 型的投資人。

其次，像我這樣的個人投資人，則比較類似 S 型工作，不過這也取決於投資人所採用的方法。如果收入來源必須仰賴投資人本身持續參與工作，例如所謂的「當沖」交易者，每天都要緊盯電腦頻繁地買賣交易，那麼一旦投資人無法進行買賣時，就無法產生收入，那就是 S 型投資人。

相反地，如果投資人所採用的方法，可以放手讓投資工具自行運作就能產生收入，不需要仰賴投資人的持續參與，那就是典型的 I 型投資人。

另外，也有些投資人的投資事業經營得很成功，進而招募許多員工組成團隊，進入企業化經營的階段，那就是一位 B 型投資企業家了。

不知道你有沒有留意到，在這 4 種工作類型中，**E 型和 S 型的工作，必須完全仰賴工作者投入自己的時間與心力才能獲得收**

入；而 B 型與 I 型的工作，則是必須設法聘用優秀的 E 型員工，或者和 S 型專業人士合作，打造一個可以順利運作的「系統」，一旦成功就可以透過「系統」帶來收入，讓自己擁有更多時間自由規劃想做的事。

所以我常提醒同學們，在求學的過程中，除了培養成為 E 型或 S 型工作者所需的能力，幫自己累積「第一桶金」之外，**也別忘了學習成為 B 型或 I 型工作者，讓自己擁有 2 種收入來源**，才能在財務上獲得更多保障，也能在時間上享受更多自由。

1-4

用零用錢制度
為理財教育啟蒙

坦白說，「工作收入」這個主題對大部分孩子來說還是有一定距離，畢竟在學生階段，孩子們主要的收入多半還是來自家長提供的零用錢。不過每個家庭的環境背景與價值觀不同，所以發零用錢這件事其實是非常個人化的選擇，沒有標準答案。

不過，常有家長問我要如何幫助孩子學理財，我個人由衷地認為，「零用錢」就是引導孩子認識理財的最佳教具，所以在這一節，我想談談零用錢這個主題。

我常說，**如果孩子的一切花費都是「爸媽買給你就好」，那麼對孩子而言，金錢就會像空氣一樣，是一種近乎「無限」的資源**，當然也就不會產生想要學習理財的念頭了。所以透過零用錢制度，搭配「記帳」和「預算分配」的練習，讓孩子感受到金錢是一種「有限」的資源，就有機會引發進一步學習理財的動機。

接著，我分享我們家的零用錢規劃方式給大家參考。我有 2
個孩子，目前（2023 年）分別是小學六年級和三年級，在他們
大約幼兒園中班，會寫注音和數字開始，我就給他們每月 300
元零用錢（約每天 10 元）和 1 本記帳本、3 個夾鏈袋。孩子領
取零用錢必須先完成 2 項「工作」，就是要做好記帳和預算分配。

⑤ 記帳／從「抓漏」中養成習慣

每當孩子有金錢收支產生時，我就會提醒他們趕快拿記帳本
記錄下來，到月底時再和他們「對帳」。我自己會另外準備一份
線上試算表，每個月同步更新他們記帳的內容以便日後查核。如
果帳目清楚，孩子就能領到下個月的零用錢，如果有疏漏就要設
法「抓漏」，找出錯誤的原因。

當然，孩子發生錯帳是司空見慣的事，例如忘了記錄某一筆
花費，或者零錢沒保管好找不到了⋯⋯所以需要一次又一次的引
導和練習，隨著年齡成長與經驗的累積，帳目會越來越正確。

如果孩子的科技素養較成熟了，除了自製線上表單之外，也
可以考慮改用 App 軟體協助記帳。

⑤ 預算分配／延遲享受培養耐性

孩子的媽幫他們準備了 3 個不同顏色的夾鏈袋（也可以用信

封袋或存錢筒代替），分別標示「投資」、「消費」、「捐款」，
代表不同功能的帳戶。

每次領到零用錢，孩子第一時間就要按照約定的比例進行預
算分配，把錢放到不同的帳戶裡。舉例來說，假設約定的分配比
例是投資 50%、消費 40%、捐款 10%，那麼每月 300 元的零用
錢就要分別投入 150 元在投資帳戶、120 元在消費帳戶、30 元
在捐款帳戶，如圖表 1-4。

做好預算分配之後就要專款專用，當孩子「想要」購買某一
樣東西時，只能動用消費帳戶裡的存款購買，即使帳戶裡的錢不
夠，也不能挪用投資或捐款帳戶的預算，否則就會失去預算分配
的意義了。

這時我會順勢鼓勵孩子耐心等待，等未來存夠錢之後再買，
**一來可以延緩消費的欲望，說不定過一陣子孩子就改變心意了；
二來也可以培養耐心。**此外，我也會鼓勵孩子練習思考「賺錢」
的方法，激發他們的動機與創意。

關於預算分配，坊間也有所謂的「4 個存錢筒理財法」，主
要的差別在於多了一個「儲蓄」帳戶。在傳統的觀念裡，儲蓄是
美德，然而由於大環境的變化（參閱第 3 課），**如果只是一直把
錢存著沒有流通，結果很可能只會變成一堆「死錢」。**畢竟，以
前的存款利率很高（大於 10%），光是錢存在銀行或郵局就可

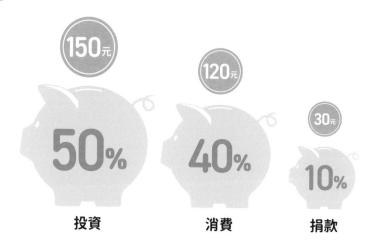

圖表 1-4　零用錢預算分配範例

150元

120元

30元

50% 投資

40% 消費

10% 捐款

以獲得很高的利息，所以儲蓄本身就是一種很好的投資。

　　然而現在的利率不同以往（僅約 1%），如果只把錢存在銀行，長期下來肯定會因為通貨膨脹的效應而大幅損失購買力，勢必得透過其他的投資工具獲得更好的報酬。

　　因此，我認為在目前的環境下，儲蓄的實質意義偏向「緊急預備金」的用途，雖然對成年人來說仍是必要的規劃，然而對孩子們而言，因為主要的收入來源還是來自家長，所以儲蓄比較像是一個「資金停車場」的概念。在和孩子討論預算規劃時，儘管我仍會說明儲蓄的重要，然而重點會著重在其他 3 個帳戶的分配，強調資金的流動與活化，這些內容我也會在後續章節逐一討論。

$ 別用「本分」當零用錢交換條件

除了「定期定額」發放零用錢之外，我也會試著創造一些「工作機會」，例如請孩子在理財工作坊或營隊擔任小幫手、協助錄製 Podcast 節目……甚至我們還一起創辦了一個「寶可夢同學會」，定期舉辦卡牌桌遊競賽，再根據不同工作型態與難度，斟酌給予「薪水」或「獎金」，幫孩子增加工作「賺錢」的經驗，也算是一種「不定期不定額」的加碼方式。家長們也可以想想看有沒有適合孩子們幫忙的工作，也是一個很好的訓練機會。

不過，我想特別提醒家長們，**零用錢制度的設計，最好能避免與孩子的「本分」產生連結**，例如我認為家事是每個家庭成員共同的責任，也是應盡的本分，所以不會因為孩子幫忙家務就給予零用錢。

然而，為了鼓勵孩子，我的確還是會斟酌年齡能力與家務難度而給予額外的「積點」，等累積到一定程度後，就可以兌換某些獎勵，例如和媽媽單獨約會吃下午茶、買 1 本自己喜歡的書等。事實上，比起物質的獎勵，口頭的讚賞、熱烈的擁抱等精神獎勵的效果，有時候甚至更好！

還有，每個月發放零用錢的時間，也是我和孩子討論投資話題的時間，我會利用這個機會和孩子一起觀察最近國際股市的脈動、追蹤「金雞計畫」（參閱本書第二部分）的進度，並引導他

們用模擬投資平台練習「定期定額」投資，或嘗試選股投資累積經驗，可謂一舉三得。

網路上有許多模擬投資的交易平台，例如台股的「股市大富翁」、美股的「eToro」，都可以作為和孩子討論股市投資的入門工具。

最後我想補充說明，常有家長問我孩子幾歲開始適合發放零用錢？雖然我的孩子是從幼兒園階段開始，不過我認為並不是越早越好，除了孩子本身需要具備基本的數字感和算術能力之外，更重要的是家長必須有時間陪伴引導，只要家長願意協助，那怕每天只有 1 元的零用錢，也是一個很好的起點。反之，**若孩子擁有太多零用錢卻又缺乏規範時，反而可能是偏差行為的開始**，不可不慎。

親子理財小對話

　　讀完本章後，請在 3 天內和孩子約定 1 次或數次 30 分鐘以上的空閒時間，找一個安靜舒適的環境，一起討論以下問題：

❶ 你知道爸爸媽媽從事什麼工作嗎？（可參考章節 1-1 的訪談內容，和孩子分享自己的工作甘苦談，並聆聽孩子的心得回應）

❷ 你長大以後會想從事這樣的工作嗎？為什麼？如果不想，目前有想做的工作嗎？

❸ 你的優點或特質是什麼？如果要成為一個出色的 ＿＿＿＿＿（某種職業），你覺得應該具備哪些優點或特質？

❹ 爸爸媽媽的工作是屬於 E、S、B、I 的哪一類？你以後想做的工作又是哪一類？

❺ 你未來想從事的工作，每個月的起薪可能會是多少？

❻ 你覺得每個月合理的零用錢金額是多少？為什麼？

理財篇

PART1

- 第 2 課 -

和孩子談消費支出

從食衣住行
認識預算概念

猜猜看，等你長大以後，你覺得自己每個月的
生活花費大約會是多少？

1 萬 5 千元！

3 萬元！

8 萬元！

20 萬元！

同學們的答案此起彼落，彷彿拍賣競標一樣。

對於家長們來說，這個問題應該不難回答，然而對於涉世未深的同學
們來說，究竟他們的答案會是多少呢？在這個單元，就讓我們一起和孩子
算算看吧！

討論過如何工作賺錢之後，接著我們要來談談怎麼消費花錢。所謂的
消費，就是付錢給別人，換取自己需要或想要的商品或服務。

老一輩有句話說「吃米不知米價」，為了讓同學們對日常生活的物價
行情更有概念，接下來我們會逐一針對食、衣、住、行、育、樂等各種面
向的消費進行討論。

圖表
2-1　消費是付錢給別人獲得「想要與需要」、「價格與價值」的選擇

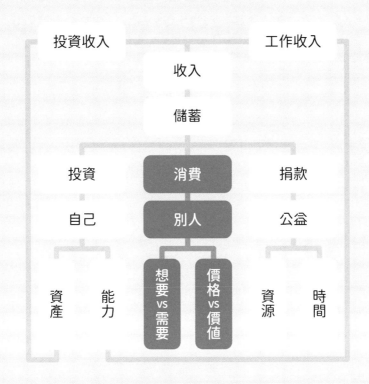

飲食支出：
從消費過程建立價值觀

談到飲食，通常我會先請同學們想像一下自己長大以後的樣子，例如 25 歲左右，開始工作之後的生活型態，日常生活中三餐會想要自己下廚料理居多呢？還是偏好外食居多呢？接著也會請同學們分享，在他們的生活經驗裡，一餐的預算大約需要多少錢？

在討論的過程中，我們會進一步把預算分為「需要」和「想要」兩個層次，「需要」指的是生活中必須的項目，簡單說就是沒有它就無法正常生活的東西或服務；而「想要」當然就是非必需的項目。

以食物為例，雖然食物本身是一種必需品，但若進一步講究，其實還涉及了「價格」與「價值」的差異，這就是所謂價值觀的選擇。例如我們可以選擇一餐吃 1 個 100 元就得以溫飽的

便當，這是一種「需要」；但也可以選擇吃一頓 1,000 元的大餐，這除了基本的溫飽之外，顯然更包括了食材、環境、品味、服務等軟硬體的多元享受在內，這就是一種「想要」了。

不過，我也會特別提醒同學們，這些選擇本身並沒有對錯，如果能力允許，努力工作之餘偶爾奢侈一下犒賞自己，也是人之常情，**畢竟，價值觀沒有標準答案，所以對於同學們的選擇，我不會用單一標準來評斷**。不過在課堂上的討論，我還是會務實地從基本的「需要」著手，因為這才符合一般大眾的生活經驗。同時我也會鼓勵同學們試著估算一個「想要」的版本，比較看看兩者的差異。

以我自己來說，還好有孩子的媽幫忙張羅開伙，否則平常我是個不愛下廚的外食族，如果每餐以 1 個便當的價格來推算，在台北市的費用大約在 100 元上下，便宜一點的大約也要 70、80 元，所以如果每天的餐費以午、晚餐各 1 個便當計算，再加上早餐和水果（或偶爾買零食），1 天的基本餐費以 300 元估計應該算是合理的「需要」，那麼 1 個月大約就是 9,000 元左右。

當然，這個金額僅供參考，實際上可以根據每個人的需求不同，彈性調整，例如有些同學說他吃的很省，1 餐平均只要 70 元，每天的預算大約在 200 元上下。但也有學生「想要」每天吃大餐，甚至想請專屬廚師到府服務，預算當然就會高出許多。

我也會和學生強調，這個試算結果沒有好壞，每個人的預算金額不同很合理，因為每個人對未來生活的期待、「需要」和「想要」本來就不同，所以不需要刻意和他人比較，只要專注設想自己未來想要的生活方式，並且努力實現就好。

親子互動學理財

算出飲食支出費用

看完這個章節後，請爸媽、老師們和孩子一起討論飲食支出預算，並在討論之後把試算結果記錄下來：

- 我的孩子長大後，**「需要」**的每月飲食預算是 ＿＿＿＿＿＿ 元；
- 我的孩子長大後，**「想要」**的每月飲食預算是 ＿＿＿＿＿＿ 元。

衣服支出：
以季爲單位規劃預算

談到衣著服飾，通常我會先和同學們聊聊各自的消費經驗與習慣，例如是自己選購或是爸媽代買？有沒有偏好的服飾品牌？通常年紀越大的同學越有主見，如果是國小階段的同學，還是以家長幫忙選購居多。至於同學們熟悉的品牌，最常聽到的不外乎 UNIQLO、ZARA、NIKE、NET 等流行服飾。

在課堂上，我會帶著同學們來一場即時的「虛擬購物」，從上述品牌網站，讓同學們直接挑選喜愛的服飾，進行估價試算。

一般而言，平價服飾品牌的上衣和褲子（或裙子），單價大約在 500 元～ 1,000 元，加上內衣褲和襪子，1 天在外活動的服裝搭配包含內外、上下一整套，用 2,000 元起估價應該是合理的基本預算。

每年若以 2 個季度（長短袖）來規劃添購新服飾的預算，1

季準備 10 套新裝，再搭配原有的舊衣服，大約 3 ～ 4 週才會重複一輪，這樣 1 年的治裝預算大約會是 2,000 元 ×10 套 ×2 季 ＝ 4 萬元，換算下來約每月 3 千多元。

當然，確切的金額還是要根據每個人不同的需求做彈性調整，有些同學說他們不需要買那麼多衣服，只要準備 3 套輪流換洗就可以，甚至不需要換季，一整年都可以穿短袖（我家長女就是寒流來襲也穿短袖的體質），這樣在預算上就可以更節省。

不過也有的同學比較講究造型，就要規劃更寬裕的預算。畢竟，上述的估算費用還不包括鞋子、帽子、包包等配件，還有女孩子們的各種化妝品、保養品、裝飾品、美髮美容……都還沒算進去呢！

其實，近年在「快時尚」的風潮下，大量消費服飾造成的資源浪費，也引發了一些反省的聲音，所以開始出現「綠時尚」的

親子互動學理財

算出衣服支出費用

看完這個章節後，請爸媽、老師們和孩子一起討論衣服支出預算，並在討論之後把試算結果記錄下來：

● 我的孩子長大後，**「需要」**的每月衣著預算是 ＿＿＿＿＿＿ 元；
● 我的孩子長大後，**「想要」**的每月衣著預算是 ＿＿＿＿＿＿ 元。

概念，希望消費者和廠商在追求流行的同時，也能夠兼顧永續與環保。可見未來我們除了要學習如何聰明消費之外，還得學習如何環保消費，才能買得好、又環保。

住房支出：
從大筆消費認識分期付款

住房支出通常是多數人一生中，最大的一項開銷。「如果長大之後有能力，你們會想要買房？租房？還是住家裡？」不意外地，絕大多數的學生都會毫不猶豫地選擇買房！然而，等到實際認識房價行情之後，大部分學生就變得務實起來，反而會先從租屋或住在家裡開始考慮。

「那你們有沒有想過，爸爸媽媽會養你到幾歲？會讓你住在家裡到幾歲？」我常鼓勵學生和家長討論，相信這會是一個有趣的對話。

以往，台灣房屋買賣成交資訊透明度相對較低，不過自從政府在 2012 年推出「實價登錄」制度之後，房市的價格就變得透明許多。透過政府和房屋仲介公司提供的資料庫，我會在課堂上進行一場虛擬的「線上看房」，讓同學們認識，買房是人生的重

大抉擇，有許多功課必須事先準備。

⑤ 購屋貸款需要付利息

以居住區域的選擇為例，因為我在台北，接觸到的學生大多數也是北部的孩子，所以同學們通常也都以台北作為優先選擇。其次，包括房屋的類型、格局、坪數和屋齡等條件，都必須一一列入考量，像是要選擇大樓、華廈，還是公寓？需要幾房、幾廳？室內空間需要多大？是否需要車位？對屋齡的要求等等。

不過，最重要的當然還是預算考量，一般來說，台北的房價相對較高，我常遇到學生對某些頂級建案的名稱琅琅上口，在課堂上霸氣地宣稱以後要入住「豪宅」，不過看到真實房價行情之後，往往卻又瞠目結舌、驚嘆不已。

我不是房地產專家，根據網路上的資料，以台北市大安區2023 年行情為例，屋齡 30 年以上的老大樓或華廈、3 房格局，每坪單價要將近 100 萬元左右，換句話說，30 坪的老房子總價可能就要 3,000 萬元。

上千萬的支出當然不是一筆小數目，所以一般人買房都需要貸款，也就是自己先存一筆錢（稱為頭期款或自備款），通常大約是房屋總價的 20%，剩下的 80% 再向銀行借錢分期攤還。

查詢房貸試算網站，以每 1,000 萬元貸款、分 30 年期、年

利率 2% 為例，每個月本息平均攤還的金額將近 3.7 萬元；若貸款 2,000 萬元，每月攤還的金額就高達 7.4 萬元，依此類推。

經過一番調查與討論之後，比較務實的學生就會暫緩購屋的念頭，不過，還是有不少學生散發出「雖千萬人吾往矣」的氣魄，堅持非頂級豪宅不住，我也都會給予由衷的祝福，鼓勵同學「有夢最美」。

$ 避免孩子成為啃老族

如果沒有「富爸爸、富媽媽」加持，買房對剛出社會的年輕人來說無疑是難以負擔之重，**不過如果能夠設定好理財目標，按部就班地執行，誰說這個夢想一定不能實現呢？**

不過，除了買房或租房的預算之外，相關的居家費用也不能忽略，例如水、電、瓦斯、管理費，以及相關稅賦、保險等。通常我會把這些項目設計成「回家作業」，請同學們回家請教爸媽，了解一下家裡每個月的水電瓦斯等費用是多少？

以我個人的觀察，我發現目前社會上有些「啃老族」到了 30、40 歲不僅和長輩同住，甚至連日常家務都還讓長輩打理，例如洗碗、掃地，顯得非常幼稚且無能，我認為這樣的狀況實在是非常不可取。

所以我經常提醒我的孩子，如果長大以後還打算住在家裡，

不僅要遵守打理家務的規約，有收入時也要幫忙分攤家裡的水電瓦斯費用，雖然金額不高，卻是承擔基本責任與義務的表現。如果你也認同這樣的想法，**我建議從中學階段就開始和孩子討論，及早形成共識**，也讓孩子理解，經營一個「家」在財務上必須考量的費用與成本。

親子互動學理財

算出住房支出費用

看完這個章節後，請爸媽、老師們和孩子一起討論住房支出規劃，並在討論之後把試算結果記錄下來：

● 我的孩子長大後，「**需要**」的每月住房預算是 _____ 元；

● 我的孩子長大後，「**想要**」的每月住房預算是 _____ 元。

行動支出：
釐清使用高價品的需求

談到行動與交通，最基本的考量就是選擇搭乘大眾交通工具或是自己開（騎）車。搭乘大眾交通工具的費用不難計算，只要記錄每天的通勤習慣、每月通勤的天數，就可以推算出大約的支出金額。此外，如果是居住在大台北地區，目前也有每月 1,200 元的悠遊卡定期票方案，可以有效控制交通預算，相當方便。

若選擇購買汽機車，就要細算買車的支出，還有停車費、油料、維修保養、稅、保險等各項相關花費。由於我對汽車沒有深入研究，所以在課堂上常遇到許多比我對汽車更熟悉的學生，對車廠品牌、型號規格都了然於胸。近期討論度最熱門的是電動車龍頭廠商特斯拉（Tesla），所以我也會和學生們直接在網路上「線上賞車」。

以 Tesla 的熱門車款 Model Y 為例，加入自動輔助駕駛功能，售價約台幣 202 萬元左右。由於現在買車和買房一樣，廠商大多都有提供分期付款的消費方案，以官方網站提供的分期方案為例（最新方案內容以官網資訊為準），消費者需自備約 40 萬元的頭期款，餘額再以每月大約 2.9 萬元、分 60 個月付清（年利率 3%），就可以把 Tesla 開回家。

每月 2.9 萬元的貸款支出對社會新鮮人來說，其實也是一筆不小的負擔，所以我還是一樣送給同學們一句話：「有夢最美，量力而為」。

談到交通，除了「馬路」之外，「網路」已是現代人不可或缺的訊息管道，因此在廣義的角度上，我把上網費用也一併列入在此討論。綜觀台灣目前各大電信公司的費率，大約 500 元左右就可以享有「上網吃到飽」的服務，相當划算，雖然無法得知未來是否仍然維持這樣的費率，還是可以作為規劃預算的參考。

另外，作為上網的工具，手機本身也是一個很好的討論話題。我自己使用 3、4 千元的安卓系統手機就很方便，但也有很多學生，可能是受到媒體廣告或家人的使用習慣影響，非得選購 3 萬、4 萬元的高價蘋果手機不可，**這也是一個關於「需要」和「想要」的實用討論。**

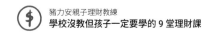

算出行動支出費用

　　看完這個章節後，請爸媽、老師們和孩子一起討論行動支出，並在討論之後把試算結果記錄下來：

- 我的孩子長大後，「**需要**」的每月行動預算是 ＿＿＿＿＿＿ 元；

- 我的孩子長大後，「**想要**」的每月行動預算是 ＿＿＿＿＿＿ 元。

教育支出：
學習也是一種投資

關於教育，通常我都會先問學生們：「長大以後想不想生小孩？」

雖然這是一個不容易回答的問題，令我意外的是，很多學生居然在第一時間斬釘截鐵給我否定的答案（由此或許可以預見未來少子化的情形只會更嚴重）。各位家長、老師們也可以嘗試問問孩子、學生們的想法。

對於部分願意「考慮」生小孩的「珍貴」學生，我的下一個問題是：「未來會讓孩子就讀公立還是私立學校呢？」如果選擇公立學校，學雜費相對便宜，平均每個月大約只要數百元左右。但如果選擇私立學校，每月學費 2 萬、3 萬元以上並不罕見，這還不包括額外安排的安親班、補習或才藝課程等費用。或許，孩子們都知道自己的教育成本很高，才會果決地排除為人父母的選

擇吧？

除了對下一代的教育規劃之外，**在這個強調終身學習的時代，自我學習的安排其實也是很重要的一環。**

通常我會引導學生回想爸媽的日常生活，想想看爸媽是否有參加哪些課程？例如運動健身、專業培訓、藝術陶冶、個人成長等，再進一步思考自己未來會如何幫自己規劃學習的方向。除了參與課程之外，買書或影音教材等支出也要記得納入教育這項預算裡。

雖然教育支出所費不貲，不過我會鼓勵學生換個角度思考，把它當成一種無形的「投資」，包括家長對孩子的投資、自己對未來的投資，目的都是為了讓孩子更好、讓我們的未來更好！如此一來，更顯得教育費用比起其他類型的費用，意義上格外不同，也是一項馬虎不得的評估。

雖然有許多同學表示未來可能不想生小孩，不過也有很多同學表示他們很樂意照顧「毛小孩」。以我自己為例，雖然我有 2 個小孩，但其實我也曾飼養過 5 隻貓小孩，非常能夠感受到未來社會結構的變化。

根據行政院農委會的估算，2021 年全台灣的犬貓數量已經來到 295 萬隻，首度超越 15 歲以下的兒童人口數 289 萬，呈現毛小孩比真小孩還要多的情況，使得照顧毛小孩的相關費用與商

機跟著水漲船高，這或許也算是現代人一種新型態的「教育」費
用吧？

親子互動學理財

算出教育支出費用

　　看完這個章節後，請爸媽、老師們和孩子一起討論教育支出，
並在討論之後把試算結果記錄下來：

● 我的孩子長大後，「**需要**」的每月教育預算是 ＿＿＿＿＿＿ 元；

● 我的孩子長大後，「**想要**」的每月教育預算是 ＿＿＿＿＿＿ 元。

娛樂支出：
每月提撥預算存旅遊金

談到休閒娛樂，原本我以為大部分同學長大之後會選擇運動、旅遊等動態活動，結果卻讓我相當意外，選擇追劇、打電玩、看書⋯⋯「宅在家」的學生竟然占了絕大多數。

坦白說，我雖然不排斥運動，不過大部分的時間我也是一個典型的「宅男」，平常不愛外出，喜歡在家閱讀。對我個人來說，這幾年投入理財教育的「斜槓」，也算是一種增添生活體驗的新嘗試！

還好，孩子的媽偏愛戶外活動，不論是登山、露營、跑步、旅遊，都樂於嘗試，不僅包辦了家中所有的休閒娛樂活動，甚至也為孩子和同學們舉辦了多場親子活動並廣受好評。重點是，由於我們夫妻的愛好不同，可以提供孩子不同的體驗與選擇。畢竟，孩子在成年之前，休閒興趣的養成，相當程度上還是仰賴家

長的規劃與支持。

　　所以觀察孩子的興趣與天分，鼓勵孩子培養一項或多項可以陶冶身心、終身受用的休閒活動，甚至親子一同參與，不論是靜態的繪畫、寫作、棋藝，或是動態的運動、舞蹈、旅遊，都是一項非常值得的「投資」。

　　礙於疫情，前幾年大家都不方便出國旅遊，不過現在疫情穩定，如果家庭環境允許，或長大後自己願意規劃，我很鼓勵同學們有機會多出國見識，不論旅遊或求學都好，相信都能拓展眼界、增廣見聞。

　　參考 2023 年下半年旅行社網站上的海外旅遊行程，前往亞洲周邊國家旅遊，例如東北亞的日本、韓國，或是東南亞的新加坡、印尼等觀光景點，以 5 天的團體行程來說，每個人的旅遊預算大約在 2 萬～ 5 萬元起。所以如果以每年出國 1 趟為目標，平均每個月至少要存下 1,700 ～ 4,000 元以上，才足以累積 1 年出國的旅遊預算。當然，如果規劃前往歐美國家，旅行的時間和預算勢必跟著增加。

　　上述金額還不包括個人購物的預算，而實際上的支出，也會隨著旅遊市場的變化而波動，所以在教室裡我同樣會以「線上導覽」的方式，和學生一起利用網路研究最新資料，作為規劃旅行預算的參考。

不過，我也認識一些朋友，在年輕時就自助旅行環遊世界，用非常節省的預算遊歷了許多國家。網路上有許多豐富的旅遊經驗分享，熱愛旅遊的朋友，不妨多方參考學習。

親子互動學理財

算出娛樂支出費用

看完這個章節後，請爸媽、老師們和孩子一起討論娛樂支出，並在討論之後把試算結果記錄下來：

- 我的孩子長大後，「**需要**」的每月娛樂預算是 ＿＿＿＿＿＿ 元；
- 我的孩子長大後，「**想要**」的每月娛樂預算是 ＿＿＿＿＿＿ 元。

醫療支出：
保險別與投資混爲一談

醫療支出是生活中不可或缺的一環，而且隨著人口老化趨勢，這個項目所占的支出比例可能會越來越高。根據政府主計處統計，2022 年台灣家庭消費支出中，醫療保健類的比重高達 17.81%，僅次於住宅服務類的 24.64%，已經是一般家庭第二大的支出項目。

談到醫療，就一定要介紹台灣特有的健保制度，根據健保署網站提供的「保險費負擔金額表」（2023 年 1 月版本，逐年調整），在一般公、民營機構服務的受雇者，以最低月投保金額 26,400 元為例，每人每月負擔的保費支出為 409 元起。換句話說，就算我們健健康康地一整年都不需要就醫看診，1 年的基本健保費用也要 4,908 元以上（不同的投保身分與金額，繳納的費用也不同）。

　　除此之外，家長為孩子購買，或孩子成年後自行購買的人身商業保險，其費用也屬於這個項目的範圍。不過我不是保險專家，而且商業保險的產品多元繁複、目不暇給，許多產品在單純的保障功能之外，甚至也有投資的功能，但是我一直認為，**讓保險歸保險、投資歸投資，單純理財最簡單。**

　　其實，如果沒有親身經歷，尤其是年輕朋友，真的很難體會年老後或健康出狀況後的生活感受，更別說要預估相關費用，但保險的確是一個在財務上防範未然的有效工具。

　　關於保險的基本概念與精神，我們會在第 7 課進一步討論，看完後續介紹之後，如有需要，可以再請教專業人士協助調整自己的保障規劃。

親子互動學理財

算出醫療支出費用

　　看完這個章節後，請爸媽、老師們和孩子一起討論醫療支出，並在討論之後把試算結果記錄下來：

- 我的孩子長大後，「**需要**」的每月醫療預算是 ＿＿＿＿＿＿ 元；
- 我的孩子長大後，「**想要**」的每月醫療預算是 ＿＿＿＿＿＿ 元。

支出總體檢：
釐清合理預算目標

前幾節還沒談到的支出項目，都可以納入「其他」這個類別，例如：禮儀費，像是朋友慶生送禮、婚宴紅包。除此之外，「孝親費」也是必須列入討論的一項重要預算。

畢竟，爸爸媽媽辛苦把孩子扶養長大，不論爸媽的經濟狀況是否真的需要這筆收入，**感恩的態度才是我希望每個學生都能重視的品德**。所以在談支出的課程最後階段，我都會問學生：「父親節、母親節或爸媽生日時，你們想要送爸媽什麼禮物？你們長大以後打算給爸媽多少孝親費（或紅包）？」

答案就留給爸媽和孩子們討論囉。

在完成前述各個項目的估算之後，我會請同學們把第 2 課所有的支出金額加總起來，就可以知道長大以後的生活預算了。

我私心地認為，在我的理財課裡，除了「金雞計畫」之外，

我最喜歡的就是「消費」這個單元了。因為在這堂課的尾聲，當同學們計算出自己未來的生活預算後，我就會開始聽到絡繹不絕的驚呼連連：「哇！好貴喔！」、「哇！我花好多錢！」，這時我會在心裡默默地暗自竊喜，享受片刻的雀躍，「你們終於有所覺悟了吧，哈哈哈！」

💲 用數字讓孩子懂得珍惜資源

除了極少數比較「務實」的同學，每個月的支出預算在 2 萬～ 3 萬元之外，我所遇到的大部分同學估算的每月支出都在 5 萬～ 8 萬元，甚至 10 萬、20 萬元以上的也屢見不鮮，可見我們的孩子對於物價的認知與未來的生活都很有「想像力」。

不過，我不會因此嘲笑或否定他們，反而會肯定他們的「雄心壯志」，並鼓勵他們努力朝這個目標邁進！畢竟，沒有嘗試過怎麼知道無法實現呢？

而且，經過這場「震撼教育」後，同學們通常都會更珍惜與感謝爸媽給予的豐富資源，雖然處於青春期的孩子們不一定會當面向爸媽表達，不過根據我在作業上的觀察，有不少同學寫下了類似的心得：「謝謝爸媽養育我，以前都不知道自己花多少錢，現在算出來才知道每個月花費好多！養我好貴啊！」

我相信這堂課足以在同學們心中留下深刻的印象，也對未來

可能面對的生活情境更多了一分現實的體認。

$ 提升理財能力朝目標邁進

　　圖表 2-2 是 2022 年台灣家庭消費中，各類型支出所占的比例。根據政府統計，台灣家庭平均每戶可支配所得約為 110.8 萬元，消費金額約為 83.4 萬元，儲蓄約 27.4 萬元。

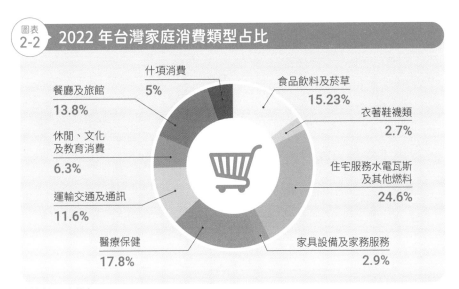

圖表 2-2　2022 年台灣家庭消費類型占比

什項消費 5%

餐廳及旅館 13.8%

休閒、文化及教育消費 6.3%

運輸交通及通訊 11.6%

醫療保健 17.8%

食品飲料及菸草 15.23%

衣著鞋襪類 2.7%

住宅服務水電瓦斯及其他燃料 24.6%

家具設備及家務服務 2.9%

資料來源：主計處

　　其中，消費金額 83.4 萬元指的是台灣家庭的平均值，若以 5 等分位組的角度觀察，最低組的年度消費金額約為 38.2 萬元，最高組的年度消費金額約為 137.4 萬元，兩者差距高達 3.6 倍。

　　雖然每個家庭的經濟狀況不相同，不過透過觀察數據，可以讓同學們對目前生活環境有更客觀的認識。對於資源相對豐富的家庭，我會引導孩子更懂得珍惜、感謝與回饋；對於資源相對缺乏的家庭，我也鼓勵孩子更努力學習，**透過對自己「知識」與「能力」的投資，培養正確的理財觀念，朝更理想的生活品質與更穩健的財務狀況邁進。**

　　最後要提醒的是，本課討論的預算只是一個估計數字，實際金額必須透過每天記帳來驗證（參閱章節 1-4），並藉此調整未來的預算規劃，才會更貼近真實生活的情境。

親子互動學理財

算出未來每月花費預算

　　看完這個章節後，請爸媽、老師們和孩子一起計算各單元的支出項目，並在討論之後把未來每月花費的預算試算結果記錄下來：

- 我的孩子長大後，「**需要**」的每月總預算是 ＿＿＿＿＿＿ 元；
- 我的孩子長大後，「**想要**」的每月總預算是 ＿＿＿＿＿＿ 元。

和孩子談詐騙：
別掉入金錢陷阱

根據 2022 年內政部統計資料，台灣常見的詐騙手法前三名分別為假網路拍賣、假投資以及解除分期付款。排名第一的詐騙案件數量甚至逼近 7 千件，由於網拍已經是現代常見的消費方式，家長們可以花點時間和孩子談談詐騙這個議題。以下就常見的詐騙方式，提供和孩子們討論的方向。

⑤ 假網拍／對廉價商品保持合理懷疑

常見的「假網路拍賣」，是詐騙集團利用消費者撿便宜的心態，在拍賣網站或社群平台推出低於一般行情的特價商品，等消費者下單匯款之後，歹徒就此失去聯絡。包括低價銷售同學們喜愛的電玩遊戲虛擬寶物、點數等，此外，吸引學生到假的遊戲平台購買，也是類似的詐騙型態。

所以我常提醒同學，**只要發現商品價格明顯低於市價，就要保持警覺，合理懷疑可能為詐騙。**在消費時也應該盡可能選擇具有第三方支付功能，且商譽良好的大型網購平台，避免和陌生賣家私下交易。

⑤ 假投資 ／ 別妄想輕易獲得高報酬

其次是排名第二的「假投資」，詐騙集團常利用「快速獲利」為誘因，吸引投資人點擊簡訊或電子郵件連結加入社群平台，慫恿進行外匯、虛擬貨幣或博奕遊戲等高風險交易，並聲稱達到高獲利後，誘騙投資人加碼大筆金額，再以扣繳保證金、帳戶密碼錯誤等藉口拒絕投資人提領獲利，接著音訊全無，讓被害人求償無門。

我在第 4 課和第 7 課將陸續討論投資的觀念，不過我強調的是長期投資，而且投資必定有風險，必須做足功課。所以我也常對孩子們耳提面命，**只要標榜穩賺不賠、保證快速獲利的肯定就是詐騙**，千萬不要上當。

⑤ 解除分期付款 ／ ATM 沒有取消訂單功能

第三名的「解除分期付款」，則是詐騙集團竊取個資後，假冒銀行或商家客服人員，偽裝訂單錯誤導致重複扣款，要求消費

者須配合操作自動提款機 ATM 才能取消。

　　事實上，**ATM 或網路銀行都沒有解除扣款或取消訂單功能**，接到不明來電時務必提高警覺，以免落入歹徒陷阱，也不要撥打對方提供的「查證電話號碼」，很有可能都是串通好的，最好自行查詢機構公開的連絡方式進行求證。

$ 假交友、打工／別被美好假象蒙蔽

　　除此之外，「假愛情交友詐騙」、「打工詐騙」也是我常提醒同學們留意的型態。

　　「假愛情交友詐騙」是詐騙集團利用帥哥美女的照片，透過社群平台假帳戶主動提出交友邀請，再以甜言蜜語假意讓被害人誤以為陷入情網，藉機要求寄送禮物或匯款，或偽稱贈送包裹、禮物等，再以運費、關稅、保證金等理由，要求被害人付款。同學們如果付款就正中下懷，不可不慎。

　　「打工詐騙」則是詐騙集團利用高薪、無經驗、輕鬆賺、工時彈性、在家上班等字眼，欺騙無就業經驗的學生掉入陷阱。詐騙內容五花八門，例如工作須預繳保證金；須提供銀行帳戶，卻成為洗錢人頭戶；又或者是出國不用語言能力，連人帶護照被騙到國外限制行動，甚至被虐待和被迫從事非法工作，求助無門，非常可怕！

　　我曾遇過女同學在課堂上分享未來想從事的工作是酒店公關，因為「可以輕鬆賺很多錢」，讓我非常驚訝，也對網路媒體產生的偏差影響力感到驚恐，所以提醒家長、老師們應該多留意孩子的想法。

　　勞動部整理了「3要7不」原則提醒學生打工求職應留意的事項，「3要」包括：

　　①**要確定**：蒐集公司資訊，了解公司及工作內容。

　　②**要存疑**：檢視公司廣告，若工作內容模糊、待遇不合理的優渥，或公司聯絡資料不明確，都要提高警覺。

　　③**要陪同**：面試時請親友陪同，或事先告知親友面試地點。

　　「7不」包括：不繳錢、不購買產品、不辦卡、不隨意簽約、證件不離身、不飲用、不非法工作。

親子互動學理財

教孩子提高防詐騙警覺

　　為了避免孩子誤入陷阱，家長們可以花時間教孩子「防詐騙4不原則」：

❶ 不輕易透露個人資料，如身分證、銀行帳戶、密碼等。

❷ 不隨意點擊不明簡訊、電郵連結。

❸ 不貿然接受社群軟體陌生交友邀請。

❹ 不輕易轉帳給不明對象。

　　希望能藉此讓孩子更有警覺，減少詐騙案件發生的機會。

2-10

備妥「理財成績單」
避免入不敷出

我們在第 1 課討論了工作收入，本課討論了消費支出，在進入下一堂課之前，我想先介紹一個學習理財必備的基本工具。

同學們在學校都會有學科成績單，可是要怎麼知道自己理財的成績呢？本節要介紹的工具就是「理財的成績單」，正式的名稱是「財務報表」，學習使用財務報表也是理財的基本功。

啊，會不會很難呀！乍看之下，這似乎是令人望而生畏的專業術語，不過在我的課程裡，我會運用桌遊讓同學們在遊戲中輕鬆認識財務報表，其實一點都不難呢！

💲「收入」大於「支出」是理財基本目標

在會計或財務學科裡，財務報表幾乎是每個學生必學的基本

工具，而且是國際通用的工具。財務報表通常泛指 4 大報表：損益表、資產負債表、現金流量表、權益變動表。本書將介紹的是最常用的損益表、資產負債表。我認為，如果每個人都能學習認識這 2 張入門的「理財成績單」，相信台灣人的理財素養一定能夠大大地提升。

接下來，就讓我們先來認識第 1 張理財成績單——損益表（在個人用途也可以稱為「收支表」），而資產負債表會在第 4 課介紹。

圖表 2-3　簡化版個人損益（收支）表

損益表（＿＿＿＿年＿＿＿＿月）

收入	
工作收入	30,000
投資收入	0
支出	
消費支出	25,000
結餘（收入－支出）	5,000

損益表，英文稱為 Income Statement，圖表 2-3 是一個簡化後的個人損益表，顧名思義，這是用來記錄收益或損失的報表（或者也可用收支表理解為記錄收入和支出的報表）。

損益表通常表示特定期間的收支狀況，例如某個月、某一

季、某一年。由上而下分別包括 3 大項目：收入、支出、結餘（或淨利）。

我們把收入分為工作收入、投資收入 2 大類，前者已在第 1 課討論，假如同學畢業後找到一份月薪 3 萬元的工作，就可以記錄如圖表 2-3 所示，投資收入將留待第二部分討論，因此先假設該同學尚無投資收入，而支出的部分如本課所討論，若每月消費 2.5 萬元，收支相抵之後即可算出每月結餘為 5 千元。

在我們的課程遊戲裡，理財成績單是挑戰「破關」的必備工具，「破關」的條件就是要讓自己的「投資收入」大於「消費支出」。不過就算沒參加課程，一樣可以透過本書學習編制自己的理財成績單，並運用在真實生活中，朝「破關」的目標邁進。

親子理財小對話

　　讀完本章後，請在 3 天內和孩子約定 1 次或數次 30 分鐘以上的空閒時間，找一個安靜舒適的環境，一起討論以下問題：

❶ 你覺得我們家每個月的生活支出大約是多少？

❷ 等你長大以後，你覺得自己每個月的生活支出大約是多少？你未來的薪水足夠支付未來想要的生活費用嗎？如果不夠該怎麼辦？

❸ 記帳有什麼好處？你想用什麼方式記帳？

❹ 你覺得爸媽會養你到幾歲？你想在家裡住到幾歲？

❺ 你長大以後會不會想生小孩？為什麼？

❻ 你長大以後打算給爸媽多少孝親費（紅包）？

❼ 防詐騙 4 不原則是什麼？

親子理財任務

　　請在 3 天內幫孩子找一本記帳本，連續 7 天每天在固定時段和孩子一起記帳，並嘗試延續至第二週、第三週、第四週⋯⋯幫助孩子建立主動記帳的習慣。

　　如果目前孩子的自主消費項目不多，可以請孩子練習觀察家中每天有哪些支出，嘗試幫全家人記帳。

NOTE

理財篇

PART 1

\ 和孩子談金融世界 /

通膨、利率
和生活密不可分

有沒有人注意到，最近新聞常說，通膨又創新高了，你們知道什麼是通膨嗎？

……

通膨對我們有什麼影響呢？

……

那你們知道現在把錢存在銀行，1 年的定存利率是多少嗎？

……1% 嗎？

很好！那你們知道老師小時候的定存利率是多少嗎？

……

　　每次到了這個單元，開場時經常會遇到教室裡一片鴉雀無聲的情況，因為大多數同學對身處的金融環境理解都非常有限。這一課，就讓我們一起來認識金融環境的變化，探索為什麼學習理財會變得如此重要的原因吧！

　　咦？圖表 3-1 和之前的圖怎麼好像有些不太一樣？似乎多了兩旁的項目？是的，這堂課我們將進一步針對貨幣、銀行、利率、通膨等主題進行討論，這些都是非常重要的金融元素，就好比理財世界裡的兩大支柱，但平常我們很少會特別留意到它們的變化，彷彿隱身在我們的生活中，所以之前我才會刻意在圖中把它「隱形」起來，接下來，就讓我們來看看如何和孩子們討論這些議題。

認識貨幣：
從貝殼進化到虛擬貨幣

所謂的「理財」，從字面上解釋就是「管理錢財」的意思，而我們日常生活中所謂的「錢」，正式名稱就是「貨幣」或者「通貨」。但是你可曾想過，「錢」的主要功能到底是什麼？它又是如何演變的呢？

讓我們想像一下，很久很久以前，在那個「錢」還沒有出現的時代，人們是怎麼生活的呢？有一位獵人，他的工作就是每天要打獵捕捉動物才能夠填飽肚子，可是打獵很辛苦，而且不一定每天都能順利打到獵物。有一天，他經過了一個村莊，發現村裡的農夫可以透過耕種稻米產生食物，這下子，獵人也想要一些稻米，這樣萬一打不到獵物的時候，還能有食物填飽肚子。

如果你是獵人，你會怎麼做呢？或許可以用一頭獵物和農夫交換稻米，這就是所謂的「以物易物」，和別人交換彼此需要的

東西，這也是人們最原始的生活方式。

$ 以物易物存在許多缺點

但是這種以物易物的生活方式有什麼缺點呢？

缺點①│交換不便

首先，交換本身就是一個問題，如果交換只是偶爾為之，或許影響不大，但如果交換的次數越來越多，獵人每次都要背著獵物跋山涉水，不僅耗費體力和時間，而且如果因此拖累到原本打獵的「本業」，那就得不償失了。

缺點②│價格不穩

每次交換的東西其實都代表一個價格，例如 1 頭豬換 1 袋米，但假如獵人今天抓到的山豬比較小隻，以前可以換 1 袋米，今天卻只能換半袋。或者農夫的稻米不夠，改用蔬菜、水果來交換……如果有 100 種交換的方式，就表示可能有 100 種價格。

加上還有其他獵人也可能和農夫交換，或許跟農夫的交情特別好，交換的價格更優惠，好比說，1 頭豬可以換 2 袋米！這下子 100 種交換方式反而會有 200 種價格，隨著交換的東西越多、參與的人數越多，會變得非常複雜！

缺點③│保存不易

最後，交換的東西還有保存的問題，例如夏天大家喜歡吃西

瓜,假如獵人拿獵物換了 1 顆大西瓜,可是自己卻吃不完,在那個冰箱還沒有發明的時代,就只能放任腐爛或餵蟲,那就太浪費、太可惜了!

$ 認識貨幣的功能

還好,聰明的人類祖先發明了「錢」,早期主要是利用貝殼作為交換的媒介,演變到後來,人類開始運用金屬硬幣(金子、銀兩、銅錢),甚至發展出更輕便的紙鈔,大大提升了使用的便利度。自從有了「錢」這個工具,上述 3 個關鍵問題也迎刃而解!

首先,錢提高了交易買賣的便利性,獵人再也不用每次都辛苦地背著獵物去交換,只要帶著足夠的錢就可以買東西,人們也得以擺脫「以物易物」的交易模式。

其次,定價的問題也獲得解決,每次買東西時都能有一致的價格,大幅降低了混亂與不透明的情況。

最後是儲存,也就是保存價值。以西瓜為例,這下子獵人就不用非得交換一整顆吃不完的大西瓜,而是可以只買剛好的分量就好,還可以把剩下的錢存起來,這就是所謂的「儲蓄」。

「儲蓄」是人類經濟發展的一大突破,讓我們可以把生產的價值(例如獵人打到獵物換取的金錢),累積保留到未來再使用,而不必一次消耗完畢,這樣不論是未來要消費買東西、

或是投資擴大生產，在規劃上就更有彈性了，而「理財」的需求也隨之而生，所以「錢」的發明具有劃時代的貢獻。

從獵人的故事，也可以幫孩子們更理解，為什麼第 1 課一再強調工作就是一個創造價值的過程。

如今，「錢」已經從看得見的銅板、鈔票，逐漸演變「升級」到看不見的無形媒介，例如信用卡或儲值卡（塑膠貨幣）、行動支付軟體（App），甚至是所謂的加密貨幣（密碼演算法），如比特幣、以太幣等，或許等孩子們長大以後，未來世界的「錢」和現在又不同了。

雖然「錢」的型態越來越多元，不過別忘了，它最根本的功用依然是「交換」、「定價」和「儲存」！不論未來如何變化，我相信只有滿足這 3 種基本功能的工具，才能算是真正的貨幣。

所以，如果能夠正確理解「錢的本質」，那麼無論樣貌為何，都能對它有更清楚的掌握，就更能做好理財的工作。

$ 獲公眾認同的貨幣才具價值

什麼是「錢的本質」呢？請想一想，如果你是某間商店的老闆，會接受顧客用比特幣（加密貨幣）來付款嗎？又或者你會接受顧客用古代的貝殼來付款嗎？

未來的發展我不敢斷言，但以目前來說，我相信大部分人應

該是不願意的，或許只有極少數人例外。不過如果顧客用政府發行的紙鈔或硬幣（就是所謂的法幣）支付，即使我們知道實際上那只是一張紙或一枚銅板，我們還是會願意接受，為什麼會這樣？

關鍵就是「信心」！說穿了，錢的本質其實就是信心！

因為我們對政府有信心，所以願意接受政府發行的貨幣工具來交易，如果對政府失去信心，那麼這些貨幣自然就失去價值了。事實上，在某些國家或某些特殊環境，的確發生過由於政府施政不當，造成民眾失去信心轉而改用其他貨幣交易的真實案例。

這也是近年來加密貨幣受到矚目的原因，雖然我們還無法確定這些五花八門的「幣」未來究竟會發展到什麼程度，不過隨著越來越多科技先驅使用者的鼓吹，越來越多傳統金融、投資機構、企業，甚至國家（薩爾瓦多在 2021 年宣布將比特幣列為法定貨幣）都開始參與持有這些「幣」，我認為觀察人們對這些「幣」的信心變化，將會是相當有趣的一件事。

認識銀行：
了解「信用」的重要

上一節我們討論了錢，那麼錢應該放在哪裡保管呢？相信爸媽們多半都會幫孩子把壓歲錢、零用錢存在銀行，銀行應該是大部分孩子最早認識的現代金融機構了，而存錢（儲蓄）就是現代商業銀行最基本且重要的功能之一。

為什麼要把錢存在銀行，有什麼好處呢？我們可以請孩子先反過來想：如果把錢放在家裡有什麼缺點？首先，我們得準備一個金庫或保險箱，可能還得安裝保全系統以防竊賊上門；另外，如果外出時攜帶的現金不夠，也沒辦法到銀行的自動提款機（ATM）領取存款使用。所以簡單來說，把錢存在銀行的好處就是安全又方便，而且還有利息可領。

為什麼把錢存在銀行可以有利息可領？還有，銀行為什麼願意接受大家的存款？畢竟要保管那麼多錢不是很危險嗎？這對銀

行來說又有什麼好處呢？

$ 存款、放貸是銀行重要獲利來源

這就要談到現代商業銀行另一個重要的功能：借錢（貸款）。銀行可以把錢借給有需要且符合規定的人，舉凡我們買車子、買房子、讀書求學、甚至經營企業……或多或少都會遇到需要向銀行借錢的時候，所以貸款在現代經濟生活中已經是一個相當普遍的行為。

向銀行借錢，必須根據當時的利率額外支付利息，而這筆利息收入，就是銀行重要的獲利來源之一。為什麼有這麼多錢可以借出去？主要的來源就是人們存放在銀行的存款，所以銀行當然很樂意接受大家的存款，並為此提供利息給存錢的人，只不過，存款和貸款兩者的利率是不同的，一般來說，**貸款的利率比較高、存款的利率比較低，這樣銀行才會有利可圖**。這 2 種利率之間的差距，就稱為「利差」。

不過，銀行貸款會有嚴格的審核標準，例如貸款的目的與用途？貸款人的工作收入如何？貸款期限與還錢方式？是否有擔保品或抵押品？還有貸款的利息利率為何？綜合上述調查之後，銀行會評估貸款人（借錢的人）的財務條件以及還款能力，再決定要出借多少資金額度。

⑤ 信用卡消費是「借錢」的概念

談到借錢，其實還有一種常見的借錢方式，不過常常被同學們誤解，那就是「信用卡」。

這幾年因為疫情的關係，我個人在購物時都會盡量避免使用現金，減少接觸病菌的機會，改用信用卡或手機支付 App 付款。但我發現有許多孩子都誤以為信用卡是像「悠遊卡」一樣是需要先儲值才能消費的工具。

其實信用卡之所以取名「信用」，是因為刷卡購物，實際上是一種「賒帳」的消費行為。流程上會先由銀行幫我們付款給店家，相當於我們先向發卡銀行借錢，等到下個月的結帳日收到帳單時，我們再還錢給銀行，這就是「信用貸款」的概念，也就是以個人的「信用」借錢的意思。所以一般在申請信用卡的時候，發卡銀行會先評估申請人的財務狀況和信用紀錄，才會決定是否發卡與授權金額。

「信用」雖然看不見，卻很重要，就像爸爸媽媽們如果答應孩子的事卻沒做到，肯定會被孩子認為是不守信用。使用信用卡雖然很方便，但如果沒有按時還錢，也是一種不守信用的行為，這時銀行除了會收取利息和違約罰款之外，我們的信用分數也會留下不良紀錄，如果未來有其他需要向銀行借錢的情況，**信用分數很可能會影響銀行貸款的決定，所以努力維護個人信用相當重**

要，不論是理財，或是一般待人處事都是如此。

這一節我們談到信用、融資、貸款、借錢，其實這幾個名詞講的都是同一件事。乍看之下，對同學們來說好像有點遙遠？但是身為家長或老師，你知道你的孩子或學生有借錢的經驗嗎？

⑤ 中、小學生金錢借貸已普遍

根據「財金智慧教育推廣協會（FINLEA）」在 2018 年進行的「台灣中小學生理財現況調查報告」指出：

①有 36% 小學生、70% 中學生曾向別人借錢。

②有 52% 小學生、87% 中學生曾借錢給別人。

③曾借錢給別人的學生中，僅有 70% 小學生、53% 中學生將借出去的錢全部回收。

由此可見，借貸行為在學生階段已經是相當常見的情形，但家長是否和孩子討論過，借錢應該要注意哪些事情呢？

不論是向別人借錢或被別人借錢，雙方都應該釐清細節，尤其我會提醒學生先認清借錢的目的，因為這往往才是判斷能否順利還錢的關鍵。

我曾聽聞學生因為家境優渥，家長發零用錢也很大方，同學們得知後，便經常向該生借錢花用且沒有歸還，「金主」竟也不以為意，演變成一種偏差的金錢往來關係。

親子互動學理財

借錢時該注意什麼事？

雖然學生之間的金錢往來多半是一些小額的應急行為，例如借錢搭車、買食物、買文具等，不過鑑於網路世代的環境日趨複雜，不少學生因為網路訊息而遭遇詐騙事件。家長可以用「借據」為例，和孩子討論借錢時需要注意的事項：

❶ 記錄借貸雙方的姓名與基本資料、聯絡方式。

❷ 借貸金額、期限、還款日期與方式。

❸ 利息的計算與支付方式。

❹ 是否有違約罰則、擔保品或保證人。

所以我也會強調按時還款的重要，因為這就是一種信用的維護。同時也提醒同學們應具備風險意識，不要借用超出自己還款能力範圍的金額；一旦考慮借出，也要做好可能無法回收的心理準備與風險管理，就能避免一些不必要的糾紛和陷阱。

⑤ 幫人作保可能惹債上身

此外，我會再三強調提醒同學們千萬不要「作保」、不要「作保」、不要「作保」！也就是不要擔任保證人。

什麼是保證人？舉例來說，假設我們有一位好朋友甲君有借錢的需求，但因為信用狀況欠佳，需要一位保證人才能獲得貸

款。這時甲君請求我們的協助，如果我們看在友情的份上同意為甲君擔保，但甲君有一天真的無法如期還款，這時身為保證人的我們就要代替甲君背負起還錢的責任，那麻煩就大了！所以切記，**就算是好朋友，甚至是家人請求作保，也都不能答應！**

最後，補充一個關於銀行的小故事，銀行的英文「Bank」，源自於文藝復興時期，也就是大約 14 世紀左右的義大利，原本是指長板凳的意思。因為當時的銀行家多半以長板凳作為臨時辦公場所，後來這個字就演變成銀行的代名詞。

如果銀行家出現資金周轉不靈、無法兌現還款的情形，憤怒的債主們就會把長板凳破壞搗毀，讓銀行家失去信用，無法再做生意，這也是破產的英文「Bankruptcy」一字的由來。是不是很有意思呢？

認識利率：
錢會滾錢、債會生債

「你們知道目前台灣的 1 年期定存利率是多少嗎？」在我的經驗裡，我發現同學們大多都不太確定目前的利率水平，但如果孩子的錢主要都是存放在銀行的話，其實家長們應該讓孩子對利率的變化有所認識。

以我撰寫本文的 2023 年為例，台灣的 1 年期定存利率大約是 1.6% 左右，也就是每 100 元的定存在 1 年後可以領到大約 1.6 元的利息。事實上，這個利率已經經過多次調升，如果是在 2021 年的時候，利率甚至還不到 0.8% 呢！實在是非常的低，尤其是和 40 年前相比。

$ 存款利率／靠利息很難資產翻倍

我的印象很深刻，我就讀國小的時候，當時學校和郵局合作

鼓勵學生儲蓄，老師常常提醒我們要存錢，所以每個月我的媽媽會給我大約 50 ～ 100 元的零用錢去儲蓄，每當領回學生儲金簿時，看著存款慢慢長大就覺得很開心。

當時的利率很高，在 1980 年代初期，台灣的定存利率曾經一度來到 14.5% 的高點，也就是每 100 元存款在 1 年後可以拿到將近 15 元的利息。

由圖表 3-2 可知，雖然後來利率逐漸下降到 1990 年代的 5% 左右，但比起現在的利率，仍然是相當高的水平。也因為以前利率很高，在那個年代很少聽到大人在討論投資理財，最常聽到的可能就是「標會」吧！

當年大家也不太需要學習投資理財，只要把錢存到銀行或郵局，就可以領到很高的利息。

圖表 3-2　台灣 1 年期定存利率變化

資料來源：stock-ai

　　然而現在的環境和以前完全不同，孩子面對的是一個利率越來越低的世界，儘管 2022 年全球央行都因為通膨而開始陸續升息，不過利率能否回到以往兩位數的高水平，我個人是抱持懷疑的態度。當然，我的看法可能是錯的，也許未來的利率因為某種不可預知的原因，又回到兩位數百分比的環境，果真如此，儲蓄或許就是最簡單的投資；但若非如此，我們還是應該為長期低利率的環境做好準備才是。

　　說到這裡，補充一個稱為「72 法則」的小知識：**以 72 除以投資項目的年報酬率，就可以很快地估算出投資規模翻倍所需的年數。**

　　以上述 14% 的定存利率為例，用 72 除以 14，答案大約接近 5，就表示當利率為 14% 時，只要 5 年多就可以讓這筆投資成長為 2 倍，依此類推，大約 11 年就可以翻 4 倍、16 年就可以翻 8 倍……但若以目前 1.5% 左右的利率，**只靠定存要讓資產翻倍，可說是遙遙無期**，可見利率變化對我們的財富與經濟的影響之鉅。

⑤ 貸款利率／透支信用會產生驚人卡債

　　認識存款利率之後，讓我們也來看看向銀行借錢的貸款利率。貸款的類型有很多，例如信用貸款、房屋貸款、就學貸款、

創業貸款、企業貸款，以其中利率相對「便宜」的房屋貸款為例，2023 年大約是 2% 上下，比存款利率高出至少 0.4%，這就是所謂的「利差」，也是銀行重要的獲利來源之一。

以 100 萬元的存款為例，銀行必須支付存款人 1 年約 1.6 萬元（1.6%）的利息支出。相對地，若是向銀行貸款 100 萬元，則銀行可以收到 1 年約 2 萬元（2%）的利息收入，這一來一往的 0.4% 利差看似不高，但一間銀行的存放款總額可能高達上百億、上千億，甚至上兆元，這微小的利差也會被放大成驚人的利潤了。

不過，並不是每一種貸款利率都是那麼低廉，例如之前談到的信用卡，利率上限就高達 15%，媲美 1980 年代的存款利率，而且信用卡的利息是以「複利」的方式計算，也就是如果超過 1 個月沒有正常還錢，**下個月銀行就會把積欠的本金和利息相加後，當作新的「貸款額度」重新計算利息，利上加利，欠的錢會越滾越多。**

所以如果沒有謹慎使用，一不小心就會背上驚人的「卡債」而不自知，因此我們應該盡量避免借貸消費，如果必須使用信用卡，也一定要在自己可還款的額度內消費，例如存款只有 3 萬元，就不要買超過 3 萬元的東西，最重要的是一定要準時還款，才不會讓自己陷入負債的深淵！

親子互動學理財

教孩子認識「複利」概念

利率分為「單利」和「複利」
2 種計算方式，前者就像銀行定存比較容易理解，「複利」則是高中數學的內容，如信用卡循環利率的計息方式，對中小學生來說難度比較高，通常我會引用「棋盤遊戲」的故事讓同學們感受一下複利的威力。

1	2	4	8	16	32
64	128				

故事大意是從前有個十分熱愛棋藝的國王，昭告天下徵求有趣的棋盤遊戲，最後當國王要給予發明者獎勵時，發明者提議在棋盤的一角先放 1 枚金幣，之後每次在下一格放置前一格的 2 倍數量，直到最後一格就是他可以拿的獎賞。國王當下覺得這個要求實在太簡單了，一口就答應了這個提議，結果……

結果我們就會在白板上畫出如上的 6×6 棋盤格，從左上角開始，依序請同學們計算 2 的倍數，從 1、2、4、8、16、32、64、128……直到最後一格填上，哇！同學們不約而同地驚呼！答案是多少呢？且讓我賣個關子，請家長們和孩子一起動手算算看吧！

由此可知，複利的計算有 3 個關鍵參數：第一是本金（第一枚金幣），第二是複利率（100%），第三則是時間（36 格）。藉由這個小故事，同學們很快就能明白，時間是他們最大的財富，因為越早開始，可以複利的時間越久，威力就越強大！

認識通膨：
物價為什麼會上漲？

「**美**國的消費者物價指數（CPI）在 6 月創下年增率 9.1% 的 40 年新高」，這是 2022 年 7 月的新聞標題，當時全球經濟都陷入高通膨的困境。

所謂的通膨就是通貨膨脹，而通貨就是我們常說的錢，所以通貨膨脹就是錢變大了，是這樣嗎？其實剛好相反。**通貨膨脹指的是東西的價格隨著時間變得越來越貴，也就是我們用同樣的金額，能買到的東西越來越少的意思。**

要認識通貨膨脹的長期變化，我們可以透過「核心」消費者物價指數來觀察。台灣政府統計的物價指數有 2 種，除了一般的消費者物價指數（CPI）之外，還有「核心」消費者物價指數（Core CPI），後者剔除了波動較大的食物與能源類項目，比較不容易受到短期因素影響，更能呈現物價的長期走勢。

　　圖表 3-3 是政府針對國內各項商品與服務價格所做的彙整統計，從圖表中可以很明顯看到台灣自 1980 年以來通貨膨脹的趨勢，整體物價平均上漲了將近 1 倍。當然，如果把各項商品或服務拆開來看，有些漲幅可能不只 1 倍，而且，這個趨勢未來可能會持續下去。

　　我常常問學生：「老師小時候很愛吃麻醬麵，請你們猜猜看，40 年前的 1 碗麻醬麵大約要多少錢？」答案是 10 元，我還特別愛吃貢丸，經常加點 1 碗貢丸湯，只要再加 5 元就搞定。可是現在呢？光是一碗麵大概就要 40 元起吧，足足漲了 4 倍以上。不只麻醬麵，我還記得就讀國小的時候，1 個便當大約只要 35 元，

圖表 3-3　台灣核心消費者物價指數變化

資料來源：stock-ai

現在 1 個便當 70、80 元還算相對便宜，就算 100、200 元其實也不誇張。

家長們不妨試著找出自己出生時的物價水平，分享一下自己的兒時回憶，也和現在作個比較，一起和孩子感受通膨的變化。

$ 為什麼會有通貨膨脹？

但是，為什麼會發生通貨膨脹呢？讓我用一個簡單的小故事來說明吧。

在很久很久以前的一個村莊裡，村民們把貝殼當錢來使用。有一天，有一位漁夫居然意外地在海邊發現了許多「貝殼錢」，幸運地發了一筆橫財。漁夫有了錢之後，就不想再每天辛苦地捕魚了，可是為了確保自己能有足夠的食物和物資，就開始大肆地收購各種東西。然而，農夫耕種的稻米、養殖的牛羊都不會突然快速增加，也就是村莊裡能夠買賣的東西，實際上是相對有限的。

剛開始，村民沒發現事有蹊蹺，只是覺得漁夫買的東西好像越來越多，不過大家不以為意，因為大家都因為漁夫消費增加而提高了收入，賺到更多的錢，所以很開心。

然而時間一久，大家漸漸發現，在村裡生產物資有限的情況下，這些東西沒多久就被有錢的漁夫幾乎掃購一空，等到村民們發現空有貝殼錢，卻買不到自己需要的東西時，才警覺到不對

勁，也紛紛開始加入搶購物資的行列。結果，在這個錢太多、東西太少的村莊裡，所有東西的價格都變得越來越貴，這就形成了通貨膨脹。

雖然這是一個虛構的故事，不過可以幫助孩子們理解一部分通膨形成的原因。在一個經濟體系中，**當通貨（貝殼）增加的速度，遠高於商品與服務生產的速度時，就可能會產生通貨膨脹。**

$ 溫和通膨是經濟發展正常現象

我還記得在 2019 年，我第一次向孩子提議用壓歲錢幫他們進行投資時，長女抗議：「為什麼不把錢存在銀行就好？買股票（ETF）可能會虧錢啊！」就是在那個時候，我開始試著向他們解釋通膨的問題，雖然把錢存在銀行不會虧錢，但如果只是把錢一直存在銀行，過了很久很久以後，例如 10 年、20 年、甚至 30 年，結果會如何呢？

假如未來的世界和過去 40 年的歷史經驗類似的話，那麼錢存在銀行拿到的利息，很明顯會跟不上物價增加的速度，所以等到未來需要用錢的時候，會赫然發現同樣的錢怎麼可以買的東西變少了！現在 100 元可以買到 1 個便當，以後可能連半個便當都買不起；又或者現在 100 元就可以理髮，以後或許只能修剪「半個頭」，那就尷尬了。

乍看之下，把錢存在銀行似乎是最安全的方式，但是因為通貨膨脹的關係，未來的東西只會越來越貴，**而我們的購買能力也會在不知不覺中大幅稀釋，這就是通貨膨脹可怕之處！**

這也是我決定投入理財教育、致力推廣「金雞計畫」的主要動機，希望大家及早建立正確的理財觀念與投資方法，才能維持自己的購買力不被通膨「吃掉」。

雖然通膨看起來很可怕，但客觀地說，**通膨在現代經濟體系中其實是一種正常的現象。**

在一般情況下，一個國家的錢（通貨）是由政府（央行，詳見下一章節）統一發行管理，政府會穩定地控制通貨的數量，避免通膨快速且大幅增加（這對人民不利、對執政者的支持度也不利），所以緩慢進展的通貨膨脹，可以說是一種健康的通膨。

不過，在某些特別的情境下，例如發生戰爭或動亂頻繁的國家，很可能在非常短暫的時間，例如幾週、幾天內物價就出現劇烈的波動，甚至「一日數價」，這種情況就叫做「惡性通膨」。

曾有人研究，在西元 1920 年前後，第一次世界大戰的戰敗國德國，當時物價曾創下大約每 48 小時就增加 1 倍的紀錄，也就是如果當天 1 個麵包賣 30 元，第 3 天就變成 60 元，第 5 天更變成 120 元……因為價格暴漲的速度太快，讓大家只想趕快把錢換成必需的食物或用品，結果又退化回「以物易物」的世界，

這也是我們希望避免的情況！

💲 通貨緊縮對生活的負面影響

另外，有一種和通貨膨脹相反的情況，叫做通貨緊縮，也就是東西會變得越來越便宜。

咦！東西變便宜不是很好嗎？想想看，如果真的是這樣，那麼除了生活必需品之外，我們的消費支出就會延緩，因為以後再買就會更便宜。如此一來，商人的產品會漸漸賣不出去，工廠的製造和生產也會停滯，最後使得員工被迫減薪或失業，造成嚴重的社會和經濟問題。由此看來，**通貨緊縮或許反而比通貨膨脹更可怕呢！所以我們會把健康的通膨視為一種「必要之惡」。**

不過從小到大，我還沒有真正經歷過通貨緊縮的世界，就算遇到了經濟不景氣導致物價下跌，通常也是短期的現象，而不是長期的趨勢，所以通膨比通縮更值得我們關注。事實上，物價大漲或大跌對一般民眾的生活都是弊大於利，設法維持物價穩定，是現代政府與經濟學家們努力的目標。

現在讀者們應該更能理解，為什麼我們寧可冒險也要鼓勵投資，而不願只是把錢存在銀行而已。

關鍵就在於物價越來越貴、但利率越來越低，目前的金融環境和 40 年前早已大不相同，所以我常提醒家長、老師們，請不

要再用 40 年前的觀念來教孩子理財！對於生長在這個世代的孩子們來說，學習投資理財就像學習國文、數學、英文一樣，是基本且必備的能力！

認識中央銀行：
維持國家經濟穩定的舵手

在現代金融體系裡，除了章節 3-2 談到的商業銀行之外，還有一個我們必須認識的重要機構，那就是中央銀行，簡稱央行。

央行和一般的商業銀行不同，它不接受一般民眾的存款和貸款，它服務的對象是政府機關和金融機構，所以又被稱為國家的銀行、政府的銀行，和銀行的銀行。

根據中央銀行法，我國央行的經營目標包括：①促進金融穩定；②健全銀行業務；③維護對內及對外幣值的穩定；④於上列目標範圍內，協助經濟發展。

幾乎每個國家都有中央銀行，只是名稱各有不同，像是新聞中常看到的「聯準會（Fed）」就是美國的中央銀行。央行的工作大同小異，簡單來說，除了發行、管理貨幣之外，**最重要**

的就是透過調節利率與貨幣數量，達到穩定金融與發展經濟的目標。

⑤ 搞懂利率和通膨的關係

2022 年 3 月，美國聯準會宣布將聯邦基金利率上調 25 個基點至 0.25% ～ 0.5% 區間，開啟了新一輪的升息循環。截至 2023 年 7 月，已調升至 5.25% ～ 5.5% 區間。升息就是調升利率的意思，因為銀行的存放款利率都會受到中央銀行的政策影響，這可是 2022 年的財經大新聞。

> **Tips** 什麼是聯邦資金利率？
>
> 聯邦資金利率是美國銀行同業之間，為了調度資金互相借貸、放款的利率，代表短期的市場利率水準，Fed 可以藉由調控聯邦資金利率來影響市場利率水平。

Fed 為什麼要升息呢？主要的原因就是上一節談到的通膨，近幾年由於疫情導致港口工人、卡車司機等勞工人數嚴重不足，全球物流交通壅塞，許多商品無法及時送達，造成市場供不應求，結果就是物價大幅上升，讓美國的通膨創下 40 年來新高紀錄，也讓一般民眾的消費成本飆漲，花更多的錢卻只能買到更少

的東西，這是我們不樂見的情形。

除此之外，通膨的形成其實還有一個關鍵因素，正是利率和貨幣。在 2020 年初疫情剛爆發時，Fed 為了穩定經濟，緊急宣布將聯邦基金利率一口氣下調至 0 ～ 0.25% 區間，也就是借錢幾乎不需要利息了，而且還進一步實施無限「量化寬鬆（QE）」政策，全力支持金融體系，避免市場出現資金不足的流動性問題。這個政策雖然讓疫情下的金融系統維持運作，卻也埋下了日後通膨的伏筆。

Tips　什麼是量化寬鬆政策？

量化寬鬆（Quantitative easing，簡稱 QE）是一種非傳統的貨幣政策，以提高貨幣供給量的方式舒緩銀行的壓力。央行會從市場購買政府公債、不動產抵押貸款證券、公司債等，讓商業銀行的資金增加，目的是降低企業與民眾的借貸成本、提供市場充足的流動資金，以刺激整體經濟。

還記得在上一節故事裡的村莊，就是因為「貝殼錢」暴增，導致嚴重的通膨問題。而疫情促成了寬鬆的金融環境，加上勞動力短缺導致缺工、缺貨，就像村莊一樣，錢太多、東西太少，助長了通膨一發不可收拾。

所以 Fed 只好重新回頭「緊縮」貨幣，希望透過升息的方

式,一來提高儲蓄的誘因,二來也提高貸款的成本,引導金融市場的參與者多存錢、少借錢,降低經濟體系中資金流動的數量與速度,進而幫經濟「降溫」,希望能夠撲滅通膨之火。

由此可見,央行的施政往往是一體兩面,如何拿捏必須因時制宜,真的是一門藝術。

$ 美國對全球經濟影響大

事實上,這種寬鬆和緊縮的金融循環,在歷史上已經多次重演。一般而言,每當經濟遭遇危機時,央行都會以降息的貨幣寬鬆政策因應;等到經濟復甦甚至過熱時,又會以升息的貨幣緊縮政策降溫,如此周而復始,如圖表 3-4 所示。

為什麼我們如此重視 Fed 呢?實在是因為美國的經濟規模太

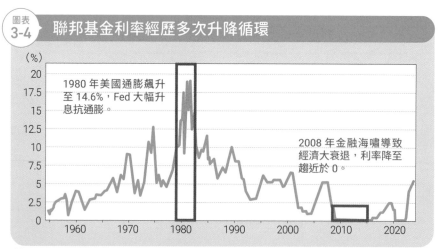

圖表 3-4 ▸ 聯邦基金利率經歷多次升降循環

1980 年美國通膨飆升至 14.6%,Fed 大幅升息抗通膨。

2008 年金融海嘯導致經濟大衰退,利率降至趨近於 0。

資料來源:聖路易斯 Fed

大（2022 年約 25 兆美元，占全球四分之一強比重），**所以美**
國的貨幣政策對全球央行的決策有著牽一髮而動全身的影響力。
每次 Fed 的政策調整，通常都會對金融市場產生重大影響，這
也是全球財經媒體密切關注 Fed 一舉一動的主要原因。

　　讀者如果有興趣進一步了解經濟循環與貨幣的互動關係，可
以上網搜尋關鍵字「經濟機器是怎樣運行 Ray Dalio」。這是全
球最大對沖基金「橋水」創辦人達利歐製作的動畫短片，用生動
活潑的方式介紹他對經濟循環的觀點，適合家長、老師或中學以
上同學觀賞，相信看過之後對這個主題會有更清楚的認識。

　　讀完本章後，請在 3 天內和孩子約定 1 次或數次 30 分鐘以上的空閒時間，找一個安靜舒適的環境，一起討論以下問題：

❶ 「錢」的功能是什麼？（克服了「以物易物」的哪些缺點？）

❷ 你有借錢或被借錢的經驗嗎？有順利還錢嗎？應該要注意哪些事情？

❸ 你知道目前台灣的 1 年期定存利率是多少嗎？

❹ 通貨膨脹、通貨緊縮是什麼意思？

❺ 如果存款利率跟不上通貨膨脹率，你覺得會發生什麼情形，該怎麼辦？

❻ 為什麼學習投資理財是基本且必備的能力？

親子理財任務

　　如果孩子還沒有銀行帳戶，請在 3 天內和孩子約定一個時間，一起到銀行開戶（可以順便到附近的券商開立股票證券交易戶）。

NOTE

理財篇

PART 1

\和孩子談投資 /

認識資產與負債的基本觀念

請問你們知道什麼是投資嗎？

買股票！

賺錢！

發大財！

請問爸爸媽媽有和你們討論過買股票的事嗎？
買股票是不是一定都賺錢？

不一定啊，我媽媽說她上個月才剛賠錢。

嗯嗯，那媽媽有說為什麼嗎？

沒有耶，我猜應該是運氣不好吧！

除了運氣之外，大家覺得還有什麼可能呢？如
果投資只靠運氣，是不是會很危險？

老師，那該怎麼辦呢？

這一課，就讓我們來和孩子談談投資吧！

談到投資，大部分人應該都會直接聯想到一些投資工具，例如股票、基金、房地產等，這些都是有形的實體資產，雖然投資實體資產很重要，不過這一課我們所要討論的投資，更包括了無形資產，也就是個人能力的投資。而且我認為後者更重要，因為這不僅關係到未來的工作選擇，對於人生的發展，更是不可忽視的基礎。

不過，在開始討論之前，讓我們先來認識理財的第 2 張成績單：資產負債表。

圖表 4-1 廣義的投資範圍包含提升能力

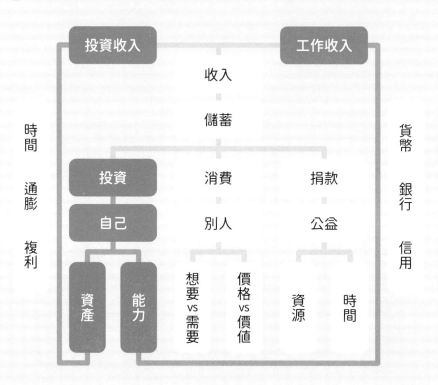

透過資產負債表
可以了解財務狀況

資產負債表，英文稱為 Balance Sheet，圖表 4-2 就是一個簡化後的資產負債表，顧名思義，這是記錄個人資產、負債的報表。資產負債表通常表示特定日期的資產負債狀況，例如月底、季底、年底，由左而右分別包括兩大部分：資產、負債（淨值稍後介紹）。

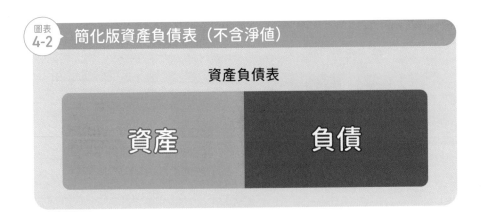

圖表 4-2 簡化版資產負債表（不含淨值）

資產負債表

| 資產 | 負債 |

⑤ 扣除負債才是自己擁有的淨資產

什麼是資產呢？現金就是一種最基本的資產形式，當我們用現金去買車子、買房子、買股票、買藝術品⋯⋯這些也都是資產，同樣都是記錄在報表左側的「資產」欄裡。借用一句流行語：「錢沒有不見，只是變成你喜歡的（資產）樣子」。

另一方面，如果我們借了錢，就要記錄在右側的「負債」欄。舉例來說，假設我們買了 1 間價值 1,000 萬元的房子，這 1,000萬元中，自己事先準備了 200 萬元頭期款，剩下 800 萬元向銀行貸款，應該怎麼記錄呢？這時就需要用到「淨值（或稱權益）」這個欄位了，如圖表 4-3 所示。

首先，在左側的資產欄，記錄房子價值 1,000 萬元；其次，

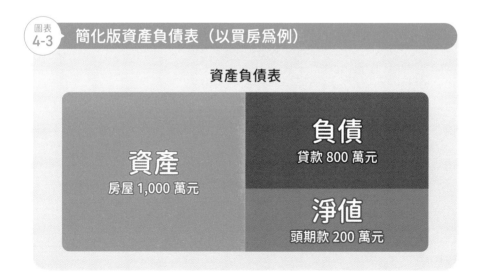

圖表 4-3　簡化版資產負債表（以買房為例）

資產負債表

資產
房屋 1,000 萬元

負債
貸款 800 萬元

淨值
頭期款 200 萬元

在右上方的負債欄記錄貸款 800 萬元，最後則是在右下方淨值欄記錄頭期款 200 萬元，這樣就完成了買房初始狀態的資產負債紀錄了。**這表示我們雖然買了價值 1,000 萬元的房子，但其中有 800 萬元是借來的，目前只有 200 萬元是我們自己出的錢，也就是我們的資產淨值只有 200 萬元。**

⑤ 資產負債表要定期更新

當然，隨著未來每月逐漸攤還貸款與利息之後，負債的金額也會逐月下降，在資產價值不變的情況下，淨值的金額就會逐月上升，當我們把房貸清償完畢之後，這份資產負債表就只剩下左側的資產和右側的淨值而已，表示這間房子的價值是完完全全屬於我們個人所擁有。**資產負債表的記錄原則，就是左側的資產一定等於右側負債與淨值的總和**，也就是左右相等的意思，所以英文才會稱為 Balance（平衡）。

由於資產負債表呈現的是特定日期的財務狀況，因此要了解最新的資產負債情形，就必須定期更新。以公司經營來說，一般每季會更新一次財報，如果是要記錄個人的資產狀況，可以斟酌自己的需要，每月或每季更新調整。

財富成長關鍵
增加好資產、減少壞負債

認識了資產負債表的概念之後，接下來，讓我來考考大家，我們的存款是我們的資產，我們的貸款是我們的負債，但是，對銀行來說又是什麼情況呢？假如我們變身銀行家，從銀行的角度換位思考，結果會是什麼呢？

💲 你的資產可能是別人的負債

答案如圖表 4-4 所示，你發現了嗎？雖然我們的存款對我們而言是一項資產，但是對銀行來說，其實是負債，因為這筆錢並不屬於銀行，而是我們請銀行暫時幫忙保管，所以會認列為銀行的負債，同時，銀行還必須為此支付我們利息。相反地，貸款對我們而言是一項負債，但是對銀行來說，其實是資產喔！因為我們向銀行借錢必須為此支付利息，為銀行帶來收入。

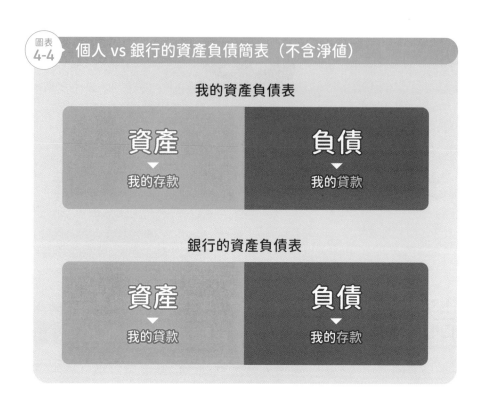

圖表 4-4　個人 vs 銀行的資產負債簡表（不含淨值）

我的資產負債表

資產	負債
▼ 我的存款	▼ 我的貸款

銀行的資產負債表

資產	負債
▼ 我的貸款	▼ 我的存款

　　圖表 4-5 的箭頭符號表示利息的資金流向，也就是所謂的「金流」，由於銀行必須為我們的存款支付利息，替我們帶來收入（灰色箭頭），所以我們的存款是一種「好資產」。要注意的是，如果把第 3 課介紹的利率和通膨等因素一起加入考量，答案可能又不同了，因為利息跟不上通膨成長的速度。

　　相反地，我們必須為貸款支付利息，幫銀行創造收入（褐色箭頭），所以我們的貸款是一種「壞負債」。**觀察資金流向可以幫助我們認清資產與負債的內涵及好壞。**

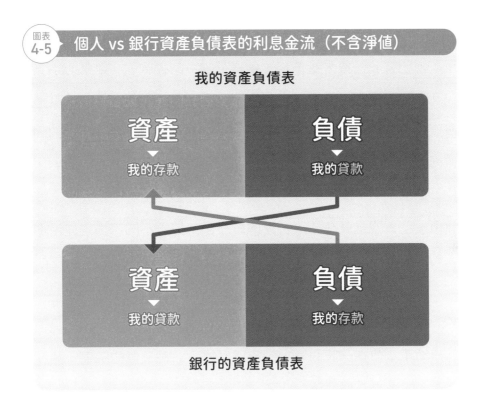

圖表 4-5　**個人 vs 銀行資產負債表的利息金流（不含淨值）**

我的資產負債表

| 資產 ▼ 我的存款 | 負債 ▼ 我的貸款 |
| 資產 ▼ 我的貸款 | 負債 ▼ 我的存款 |

銀行的資產負債表

$ 資產、負債的好壞之分

什麼？資產和負債也有好壞之分嗎？

是的！在我的桌遊課程裡，我發現大部分學生在面臨負債時，幾乎都會選擇在第一時間盡快還清債務，避免背負貸款。我想應該是因為人類心理的本能不喜歡虧欠和支付利息的感覺，所以才會表現出這樣的行為模式。不過，我們也發現少數具有「銀行家思維」的學生卻會反其道而行，讓我眼睛為之一亮。

什麼是「銀行家思維」呢？銀行家們的想法和一般人恰好相反，他們樂於背負大量債務（就是存款戶的存款），雖然必須支付利息，但是銀行家們懂得善用這些借來的錢，把它轉借給其他有資金需求的人，賺取更高的利息收入（還記得上一課介紹的利差嗎）！

這麼一來，原本的「壞負債」，反而變成了可以賺錢的「好負債」了，**關鍵就在於銀行家的思維模式與眾不同，懂得運用別人的錢幫自己賺錢**，有如蹺蹺板的槓桿一樣借力使力，這就是所謂的「財務槓桿」。

接下來，讓我們加入第 2 課介紹的「損益表」，把 2 張「理財成績單」放在一起觀察，假設我們買了一輛心愛的跑車，你覺得車子是一項「好資產」嗎？

雖然對愛車人士來說，買這輛車可能是一生的夢想，但如果單純從金流的角度觀察，不考慮精神層面的效益（例如搭車出遊散心），買車之後必須負擔停車、加油（充電）、養車（維修保養、保險）等費用，由圖表 4-6 看來，這輛新車只是不斷產生支出，其實是一項「壞資產」（不良資產）。

那麼，有沒有什麼方法可以把這輛車子變成一項好資產呢？有的！如果我們把車子拿來作為營業使用，像是計程車或 Uber，或是在未來的某一天，說不定車子還具備自動駕駛的功

能，可以自動載客運貨幫忙賺錢，在這樣的情況下，這輛車子就變成一項可以創造收入的「好資產」了，如圖表 4-7 所示。

所以我們不能只因為某個項目記錄在資產負債表的左側，就認為它是一項好資產，而是應該深入觀察金流的方向。除此之外，能否「保值」也是判斷資產好壞的另一個關鍵。

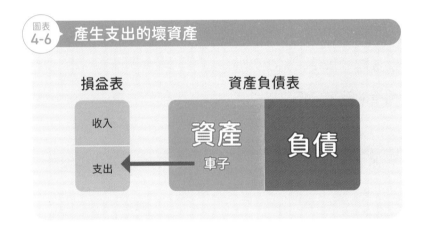

圖表 4-6　產生支出的壞資產

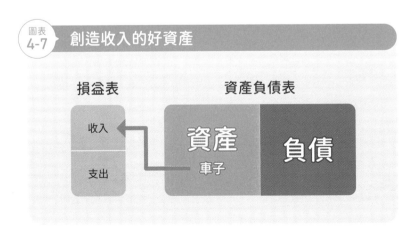

圖表 4-7　創造收入的好資產

$ 善用好資產增加財富

　　同樣以買車為例，車主還必須考慮折舊的問題，所謂的折舊，就是根據資產的使用年限，將投資金額分期平均分攤來估算資產的剩餘價值。

　　舉例來說，假設我們購買的新車總價 100 萬元，預計使用 10 年，那麼平均每年的折舊就是 10 萬元。這也是二手車的估價方式之一，不過在現實生活中，二手車的折舊速度其實更快，許多車齡 5 年的車子，剩餘價值已經不到新車價格的一半。雖然這不是精確的數字，但可以肯定的是，大部分的車子，都會隨著時

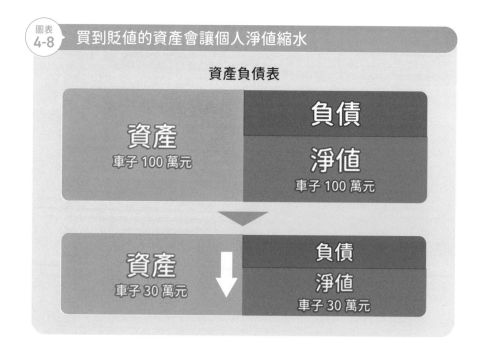

圖表 4-8　買到貶值的資產會讓個人淨值縮水

資產負債表

| 資產 | 負債 |
| 車子 100 萬元 | 淨值　車子 100 萬元 |

| 資產 | 負債 |
| 車子 30 萬元 | 淨值　車子 30 萬元 |

間越來越不值錢，這就是所謂的「貶值」（當然，還是有少數特有車種例外）。

如果用「投入資金」的角度看待投資，用錢購買會「貶值」的資產，會讓我們的淨值縮水，那就是買到「壞資產」，是一筆「壞投資」。相反地，**「好投資」就是用錢購買能帶來收入金流，又能持續「增值」的「好資產」**，這才是我們追求的理想投資標的！

讓我們回到本課一開始討論的股票投資，究竟是「好投資」還是「壞投資」呢？

綜合上述的討論，相信聰明的你應該已經明白，如果擁有正確的觀念，選擇能產生股利收入金流，而且還能「增值」的股票（資產），那就是「好投資」；相反地，如果因為觀念不正確（例如隨便聽信小道消息），選擇了會「貶值」的股票（不良資產），那就變成「壞投資」了！

$ 腦袋是我們最重要的資產

所以決定結果好壞的關鍵其實就是我們的腦袋！如果我們擁有豐富的知識、正確的思維、充足的經驗，那麼不論是資產或負債，都能用於創造財富。反之，如果**缺乏知識、觀念錯誤、經驗不足，那麼不論是資產或負債，都可能造成損失**。由此可見，我們的腦袋與想法，才是最珍貴的「無形資產」，而努力充實我們

的腦袋，才是真正最重要的投資！

在這個單元的最後，我都會向學生提問：「你覺得你的腦袋是一項好資產嗎？怎麼樣可以把腦袋變成好資產？」

答案就是努力提高對自己能力的投資。

「簡單來說，爸爸媽媽們將各位送到學校學習，甚至有些還特別選擇進入私校、名校，或者幫各位報名參加各種才藝課程、技能培訓……這些都是對各位能力的投資，別忘了感謝爸媽。

而同學們也投入了自己的時間、心力等『資源』努力學習，這也是一種廣義的投資。這一切的投資，都是為了幫助各位在未來找到合適的工作，持續累積好資產，期望擁有更好的生活品質與更快樂美滿的人生，如果你很努力，也別忘了謝謝自己！」

說到累積資產，不論是專業能力或是財富增值，其實都需要時間發酵。同學們雖然可能沒有很多錢，卻擁有豐沛的時間可以投資，而「金雞計畫」的核心精神之一就是鼓勵大家把握時間，及早開始累積複利！

我們在第 7 課特別針對未成年階段的孩子，挑選了適合親子一起學習的工具，讓孩子們有機會從小開始投資，累積複利！

親子理財小對話

　　讀完本章後，請在 3 天內和孩子約定一次或數次 30 分鐘以上的空閒時間，找一個安靜舒適的環境，一起討論以下問題：

❶ 什麼是「好資產」？什麼是「壞資產」？汽車、房子、股票、名牌皮包、珠寶分別屬於哪一種？為什麼？

❷ 什麼是「壞負債」？什麼是「好負債」？房屋貸款、企業貸款、信用貸款分別屬於哪一種？為什麼？

❸ 你的腦袋是一項好資產嗎？怎麼樣可以把腦袋變成好資產？

❹ 你知道爸媽每個月投資你學習的金額（如學費、補習費、才藝費等）是多少嗎？

❺ 你知道自己每個月分別投資多少時間在哪些項目上嗎？

理財篇

PART 1

- 第 5 課 -

＼和孩子談理財計畫／
有錢人都會
開源與節流

66

玩了這麼多次遊戲，大家應該都記得「破關」的條件了吧？

就是要增加「投資收入」，直到大於「消費支出」啊！

很好！今天我們要學習把遊戲融入生活，在現實生活中，有人把這種「破關」的狀態叫做「財務自由」，你們覺得什麼是「財務自由」呢？

嗯⋯⋯就是不用工作就有錢？

喔？那你們知道當今世界首富是誰嗎？

是 Tesla 的老闆馬斯克（Elon Musk）！

對！他一定已經「財務自由」了，但據說他每天還是工作超過 12 小時喔！

哇！他好認真喔！

是啊，所以老師覺得「財務自由」並不是不用工作，而是有了選擇工作和生活方式的自由，可以把時間投入自己熱愛的工作或事情上。

除此之外，還有一個最重要的好處，我稱為「理財的終極目標」，就是退休。懂得實現「財務自由」的方法，就可以安心規劃退休，甚至可以提早退休！

坦白說，「理財」這個主題，對社會經驗尚淺的同學們來說，的確比較不容易體會其重要性，所以在課堂上我會透過遊戲，以寓教於樂的方式讓同學們在輕鬆愉快的氣氛中學習，等同學們熟悉遊戲的邏輯之後，再把觀念融入真實生活中，我稱之為「遊戲生活化」，也就是把現實世界當成一場大型遊戲來挑戰，理財其實也可以很好玩。

讀者們沒有參與課程也沒有關係，還是可以把本書的觀念「玩」進生活裡，在這一課，我要來做個總複習，把前幾課所學的觀念整合起來，按部就班做好理財計畫，挑戰在真實世界邁向「財務自由」啦！

圖表 5-1 表示用工作收入投資資產，並持續累積投資收入。以右上角的「工作收入」為起點，有了「收入」，就有「儲蓄」，透過預算規劃，

圖表
5-1　用工作收入投資資產

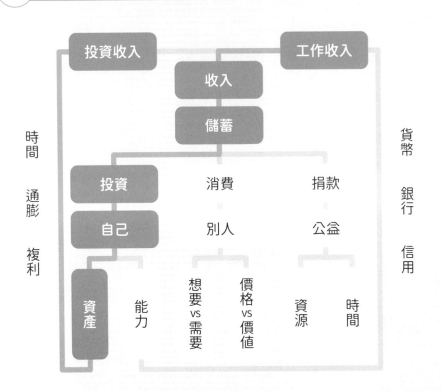

分配適當的比例投資「資產」，也就是用錢賺錢，為自己創造工作之外的第二種收入來源。

　　圖表5-2表示當「投資收入」的規模成長到足以支應我們日常生活「消費」所需時，就實現了遊戲中「破關」的目標，也就是所謂的「財務自由」。

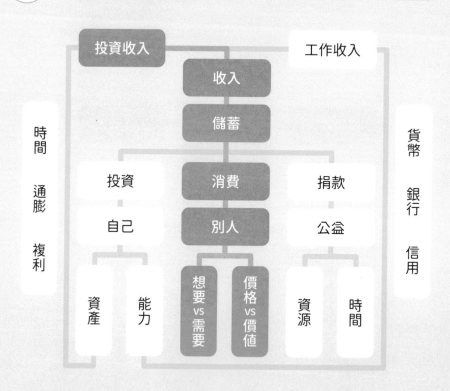

圖表 5-2　用投資收入支付消費

如果把這個觀念套用到 2 張理財成績單觀察，就如圖表 5-3 所示。

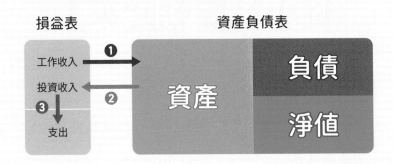

圖表 5-3 用工作收入投資資產 用投資收入支付消費

損益表　　　　　　　　資產負債表

工作收入 ❶

投資收入 ❷

❸

支出

資產　　負債

淨值

　　人人都嚮往「財務自由」，不過為了避免誤導，我想特別強調的是，所謂的「財務自由」是一種選擇工作和生活方式的自由，而不是「發大財」之後就什麼都不做的意思。能夠自由地選擇為人生價值與社會福祉而努力，我認為這才是「財務自由」的真諦。

　　其實，要實現「財務自由」的方法不難，說穿了就只有 4 個字：開源節流。不過，就算知道了方法卻不一定會執行，因為對大部分同學來說，往往缺乏執行的動機，所以這一課首先要來談談「退休」這件事……

退休越來越難
從小就要動起來！

和孩子談退休？會不會太早了點？為什麼這麼早就要和孩子談退休？

　　傳統定義的退休，一般是指邁入老年之後，因為體能或健康因素，不再適合工作的狀態。根據目前法律的規定，一般勞工的退休年齡是 65 歲，未來還可能會延後到 70 歲。

　　我們現在熟悉的退休金制度，據說是在西元 1888 年的德國，政府為了照顧在工廠工作一輩子的勞工，所設計出來的方法。主要概念是讓勞工在年輕時定期繳納退休準備金給政府管理，等到年老退休的時候，再由政府發放退休金給勞工作為生活費用，所以這個退休金制度發明至今其實不過才 100 多年而已。

　　這個制度在設計的時候，並沒有料想到未來人類的壽命延長與人口結構的變化等問題，結果現在許多國家都面臨政府退休基

金破產的問題。

　　退休幾乎是每個人都會遇到的情況，**我認為退休規劃可以說是學習投資理財的「終極目標」**。一般來說，準備退休金不外乎3種方式：靠政府、靠小孩、靠自己。接著讓我們來看看，這些方法是否真的可靠呢？

$ 1980 年台灣人口結構：15 名青壯年養 1 位老人

　　圖表 5-4 是 1980 年，也就是大約 40 年多前的台灣人口結構圖，左邊是男生、右邊是女生，由上而下的橫條色塊代表不同年齡的人口數，單位是萬人。最下方代表 14 歲以下的小朋友，

圖表 5-4　1980 年台灣人口結構圖

資料來源：國發會

當年的我就是屬於這個階段；中間色塊代表 15 ～ 64 歲的青壯年人口，也就是擁有工作能力的人；最上方色塊則是 65 歲以上的老年人。

這個結構看起來很像金字塔，所以也被稱為人口金字塔。當時台灣的兒童和青壯年比例占了絕大多數，老年人口只有 4.3% 而已。

當時有許多年輕工作者持續繳納退休金給政府管理，只有極少數老人領取退休金，平均來說，整個台灣社會的每 1 位老人大約是由 14.8 位青壯年人共同扶養，也就是繳錢的人很多、領錢（退休金）的人很少，所以政府退休基金還沒什麼大問題。

$ 2020 年台灣人口結構：4 名青壯年養 1 位老人

圖表 5-5 是 2020 年的情境，這時我已經是屬於中間的青壯年人口，而我的學生多半是屬於下面的小朋友們，當然有些進入高中階段的哥哥姊姊們，可能因為選擇技職體系，或有實習工作、打工的機會，其實已經算是具有工作能力的青年人口了。

2020 年這張圖，雖然青壯年人口比例還是很多，但是老人也大幅增加了，占總人口約 16%，比起 1980 年成長將近 4 倍。更重要的是，小朋友的占比大幅減少，從 1980 年的 32.1% 腰斬為 12.7%，充分反映出少子化、高齡化的趨勢。

資料來源：國發會

　　所以這個人口結構已經不再是金字塔，而變成菱形了。青壯年扶養老人的比例也從 14.8 變成 4.4，也就是以前平均是由將近 15 個年輕人一起照顧 1 位老人，但 2020 年平均只剩不到 5 個年輕人分攤照顧 1 位老人。由於領錢的人越來越多，政府退休基金的壓力自然越來越大，這就是為什麼有許多國家的政府退休基金都面臨破產的主要癥結。

$ 2050 年台灣人口結構：1 名青壯年養 1 位老人

　　最後，圖表 5-6 讓我們來看看 30 年後的未來，2050 年的人

口結構預估圖已經快變成倒三角形了！屆時我將進入上面的老人區，台灣的老年人口比例將高達 36.5%，進入超高齡社會！而我的學生們也將邁入中間的青壯年階段，屆時將由平均 1.5 個青壯年人扶養 1 位老人，並持續往 1 比 1 的比例邁進，可以想見未來年輕人所面臨的壓力爆棚！

此外，幼年的兒童人口比例也將進一步下探 9.2%，**如果還想只依靠小孩照顧自己的退休生活，恐怕不是個如意算盤，靠自己規劃才是最實際的選擇。**

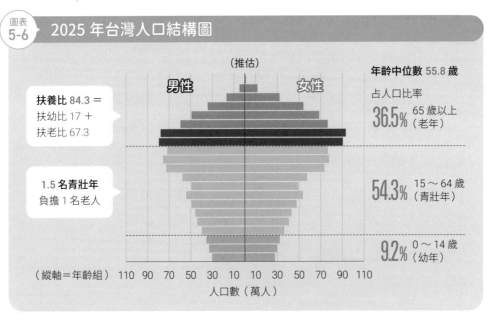

圖表 5-6　**2025 年台灣人口結構圖**

資料來源：國發會

$ 新世代的退休觀

　　2020 年底，哈佛大學醫學院生物學家辛克萊（David Sinclair）團隊發表了一篇報告，記錄他們讓老化、喪失視力的老鼠再次恢復視力的過程。辛克萊表示：「以今日的技術，人類已經可以放心步入 100 歲大關，而不用擔心在 70 歲得到癌症，或是在 80 歲遭遇心臟病發，甚至在 90 歲出現阿茲海默症。」

　　另外，根據人口學家的推估，在 2007 年以後出生的人，未來可能有半數都能活到 100 歲以上，人生若以 100 年計，60 歲都還算不算老，傳統的「求學、工作、退休」3 階段式人生規劃也可能必須重新界定。孩子們面對長達 35 年以上的「退休」時光將會是很普遍的情形，勢必得及早規劃與準備。

　　所以在這個單元，我都會在課堂上和同學們分享一個壞消息和一個好消息：壞消息就是圖表 5-6 所預估的未來情境幾乎肯定會發生！同學們所面臨的將是老年化的台灣，長大之後除了要照顧自己，如果爸媽沒做好退休規劃，照顧的責任可能也落在同學們身上！除此之外，同學們還要照顧自己的小孩（如果有勇氣生小孩的話），在這樣的環境下，未來的「三明治世代」所面臨的壓力會比我們這一輩更有挑戰！

　　不過好消息是，如果具備理財觀念，就可以趁早開始準備，因為同學們距離傳統退休年齡通常還有 50 年左右的時間可以充

分規劃！所以爸媽或老師們千萬別以為孩子還小，談退休這個話題好像太遙遠，我一直強調，**時間就是孩子們最大的財富，投資複利從小開始，現在規劃退休正是時候，一點都不嫌早！**

而且，如果孩子們未來在工作上表現出色，有穩定的工作收入進行投資，只要從小做好理財規劃並按部就班執行，說不定可以在 50 歲、40 歲，甚至更早就可以提前「退休」了！不過屆時將會面臨另一個問題：那麼早退休要做什麼？

特斯拉執行長馬斯克 50 歲成為世界首富，還是持續認真投入工作，所以找到自己熱愛的事情其實是更重要的事，因此我認為「退休」的定義應該重新改寫，為了自己的熱忱「退而不休」，才是新世代的退休觀。

用「反推法」設目標
開創更多收入來源

談過退休這個話題後，在教室裡通常可以感受到同學們對理財開始有比較明確的目標，更重要的是，學習動機也明顯提升，畢竟這是攸關自己的未來。

其實不只是孩子，很多平常忙於工作無暇兼顧理財的家長們，在我們的親子活動之後，也都更有動機和孩子一起討論退休和理財計畫了。不過，理財計畫要怎麼做呢？

請想像一下，把銀行帳戶當成一個大浴缸，上方的水龍頭就是「工作收入」，如果我們再增加一個「投資收入」水龍頭，就可以讓浴缸裡的水位加速提升，這就是所謂的「開源」。在浴缸底部有一個水塞，如果將水塞完全拔起，浴缸裡的水就會快速流失；但如果只讓水塞稍微露出一點縫隙，水流的速度就會大幅減緩，這就是「節流」。

所謂的理財計畫，說穿了其實就是「開源節流」4 個字而已。
本節先談「開源」，回顧圖表 4-1，「開源」就是「開」創工作
與投資 2 種收入來「源」。關於投資收入的討論，將留待本書第
二部分說明。

至於工作收入的部分，還記得嗎？我常說，要理財，就要先
有財可理，對大多數人來說，就是要先有工作收入，而對於還在
求學階段的同學們，最主要的工作就是努力投資自己，幫自己累
積面對未來的能力！

雖然工作收入的觀念我們在第 1 課已經討論過，不過我想再
補充一個小故事。

⑤ 馬斯克的「火星綠洲」太空夢想

我常以馬斯克為例，他有一個遠大的「火星綠洲」夢，希望
在 2050 年左右，能在火星上建造一座可以容納百萬人的太空移
民基地。為了實現這個夢想，他預計在 2026 年前後達成登陸火
星的階段目標，雖然目前還不確定能否順利完成任務，不過全球
航太專家們都在密切關注這個計畫。

在此之前，讓我們回顧一下 2020 年，馬斯克就是在那一年
實現了太空旅行商業化的目標，這是一個重大的突破，也是支
持火星登陸計畫的基礎。因為以前上太空必須仰賴國家的力量支

持，例如美國太空總署（NASA）就是動員了大量的政府資源，才實現飛上太空的成就。

然而由於科技的進步，民間企業已經有能力執行太空旅行計畫，這就是所謂的「商業化」，儘管費用依然非常昂貴，仍是一個具有象徵意義的里程碑。或許在未來某一天，隨著技術的突破，搭乘太空船也可以像搭乘飛機一樣普及又便利也說不定呢？

至於商業化的基礎，就必須再回溯到 2010 年，馬斯克的太空公司 SpaceX 實現了火箭回收的關鍵技術，讓商業化得以美夢成真。簡單來說，傳統的舊型火箭只能使用 1 次，開發成本往往高達數十億美元，然而 SpaceX 的回收技術讓火箭變得可以重複利用，大幅降低成本。

根據維基百科的記載，NASA 表示若由他們自行開發 SpaceX 的獵鷹 9 號火箭，成本可能高達 40 億美元，然而

圖表 5-7 馬斯克的太空夢

2050 年	2026 年	2020 年	2010 年	2002 年	2001 年
火星百萬殖民基地	登陸火星	太空旅行商業化	實現可回收太空船	成立 SpaceX	提出火星綠洲概念

SpaceX 只花了不到十分之一的費用，也就是 4 億美元就完成了這項任務。而且，SpaceX 每次發射火箭的價格大約「只要」6,000 萬美元左右，和傳統的發射成本天差地遠，所以這項技術不僅省下許多費用，更大幅提高了火箭的使用率、促成了航太產業的蓬勃發展。

至於 SpaceX 這家太空公司，更是馬斯克早在 2002 年就創辦了，為的就是實現他在 2001 年提出的火星綠洲這個概念而成立的。

2001 年時，馬斯克才 30 歲，他卻已經在擘劃夢想 50 年後的未來樣貌，並且一步一步地逐夢踏實。更令人感動的是，這一路走來並非一路順遂，他曾經一度瀕臨破產，卻堅毅不拔地繼續朝目標前進，這種熱忱實在是非常令人敬佩。

⑤ 千里之行始於足下

不知道大家有沒有留意到，上述的故事，我先展望未來，再回顧現在和過去，用回溯的時間順序來敘述，這也是我在課堂上常用的「反推法」，**先想像未來，以終為始，再反思現在的下一步。**

或許我們還沒有辦法想像 50 年後的世界，不過我常鼓勵同學們運用「反推法」的概念，效法馬斯克的精神，想像一下 10 年後的未來生活，為自己設下人生的階段目標。以時下許多同學

嚮往的夢幻工作「油土伯（Youtuber）」為例：

- 長期目標：10 年後成為 1 位有名的「油土伯」。
- 中期目標：5 年內擁有 1 個訂閱數達 1 萬人以上的頻道。
- 短期目標：1 年內建立穩定更新的頻道並積極宣傳。

有志於此的同學們可以試著幫自己規劃一份成為「準油土伯」的開源計畫：先以長期目標為起點，一步一步反推中期目標、短期目標，再進一步思考，為了達成短期目標，目前應該著手進行哪些工作？例如可能要開始學習企劃、編劇、攝影、剪輯、後製、行銷等技術，才能真正啟動自己的「油土伯」之夢。

同樣的道理，「反推法」在其他的工作目標也同樣適用，不論是程式設計師、廚師、醫師、藝術家、運動員……每一種工作都可以透過這樣的思考，寫下自己的學期目標、今天可以採取的行動。

除此之外，就算是已經擁有本業工作的成年人，也有不少人透過「斜槓」增加第 2、甚至第 3 份工作收入。像我以前就從來沒想到自己有一天也會多了一個「老師」的身分，這也是一種開源的方法──透過兼職或經營副業的方式，拓展自己的工作收入來源。

在這一節尾聲，我都會問學生們：「你們期望自己10 年後（或大約 25 歲時）的『理財成績單』有什麼樣的內容？工作收入是

多少？投資收入是多少（可搭配本書第二部分內容一起討論）？有哪些資產？你要如何實現上述目標？試著動手寫下你的開源計畫吧！」

做好預算分配
是最好的節流方法

談過「開源」之後，接下來讓我們談談「節流」。所謂的「節流」，就像上一節提到的水塞，要設法避免不當的浪費，「節」制資金的「流」出。

消費這個主題我們在第 2 課已經做過詳細的討論，關鍵在於釐清孩子們對「價值」與「價格」的判斷，做出「想要」或「需要」的取捨。舉例來說，社會新鮮人明明只「需要」搭乘大眾交通工具通勤，卻因為「想要」擁有一台自己的車子就倉促舉債買車，讓支出大幅超過預算，這就是一種缺乏理財計畫的行為。

節流非常重要，但很多人忽略了這點，我發現許多同學有「高收入迷思」，以為只要有高收入的工作，或者設法透過斜槓、副業增加收入，就可以實現財務自由。不過，**許多薪資收入較高的人往往養成支出較高的消費習慣，能儲蓄的金額未必比較高。**

💲 擁有好習慣比高收入重要

根據美國 LendingClub Bank 的統計，2022 年美國年收入 5 萬～ 10 萬美元的民眾當中，有 62% 為「月光族」；年收入超過 10 萬美元的民眾當中，也有 45% 為「月光族」。

事實上，我自己也認識幾位年收入上百萬的「月光族」，雖然擁有高於水平的工作收入，卻因為不當的消費觀念與習慣，每「月」的薪水都差不多花「光」，沒能幫自己留下多餘的錢儲蓄來累積資產，實在是非常可惜的事。

相對地，有些收入水平一般的工作者，由於懂得做好理財規劃，反而可以有穩定的儲蓄，而且也因為消費金額較低，比較容易跨越實現財務自由的門檻。簡單來說，在其他條件相似的情況下，一個每月花費 10 萬元的人，和一個每月花費 2 萬元的人，後者要實現財務自由的機會肯定是比較高的！

所以千萬不要因為收入不夠高就妄自菲薄，事實上，**在追求財務自由的路上，收入水平一般但懂得節流的人，有時反而更容易成功！**

💲 養成在預算內消費的好習慣

其實，節流的觀念並不難，真正困難的地方在於，人類是情感的動物，雖然理智上知道節制消費有益於財務狀況，然而很多

時候卻受到媒體廣告影響情緒，忍不住就買了下去，所以才會有「衝動消費」的說法。別說是身心狀況還在發展階段的孩子，就算是成年人，同樣的問題也屢見不鮮，所以我認為最好的方法是「就源管理」，**也就是從收入的源頭做好預算分配，把消費支出的金額限制在一定的比例，就可以大幅降低情緒衝動的影響，確實做好節流計畫。**

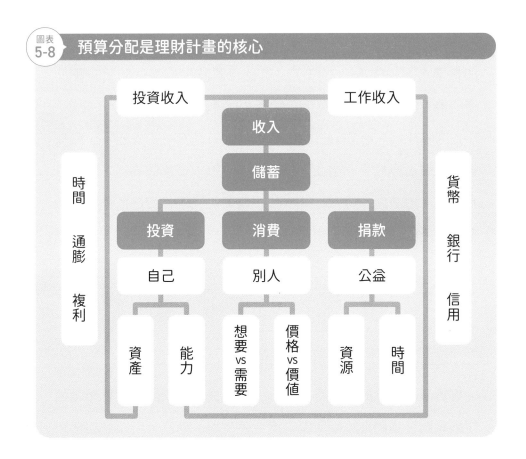

圖表 5-8　預算分配是理財計畫的核心

　　圖表 5-8 就是預算分配的概念，也就是我們在章節 1-4 討論的內容，把每個月的收入依據預設的比例，分別投入「儲蓄」、「投資」、「消費」、「捐款」4 個帳戶專款專用，不論是用存錢筒或銀行帳戶，只要確實做好分配，不挪用其他帳戶的資金即可。

　　如果需要的話，也可以針對這些帳戶再規劃「子帳戶」，例如在「消費」帳戶下，根據第 2 課所討論的食衣住行育樂等各面向，再規劃更詳細的運用。

　　當然，由於每個人的財務狀況不同，預算分配比例沒有一定的標準。回顧圖表 2-2，2022 年台灣家庭平均每戶的可支配所得約為 110.8 萬元，消費金額約為 83.4 萬元，儲蓄約 27.4 萬元。

　　因為成年人必須負擔家計（特別是養兒育女的支出），所以通常消費占比較高，由此可見，如果要追求資產的累積、提升投資收入，應該趁年輕負擔較少時，盡可能提高投資的比例，才能充分利用時間紅利，讓複利發揮威力。以我的孩子為例，除了每月從 300 元的零用錢中提撥 150 元用於投資之外，也會利用每年的壓歲錢每月至少額外投資 1,000 元，所以投資的整體占比其實高達 88%〔（1000 ＋ 150）÷（1000 ＋ 300）〕。

　　順帶一提，在第 1 課提到，由於低利率的金融環境，「儲蓄」的實質意義相當於「緊急預備金」，對成年人來說雖然是必要的規劃，對孩子們來說卻只是「資金停車場」而已。所以如果要和

孩子討論儲蓄的預算規劃，我還是會鼓勵趁早進行投資才是最有
效益的選擇。

💲 先投資自己最重要

　　還有一點很重要的是，在執行預算分配時，順序很關鍵，應
該先投資、先投資、先投資！也就是先投資於自己的未來，再用
合理的預算進行消費或捐款，尤其是對於年輕朋友們更是如此！

　　可惜很多人反其道而行，往往都是先消費，再用剩下（如果
有）的錢投資，結果就是把大部分收入都拿來幫助別人致富（消
費），對自己的投資卻是寥寥可數，難怪終身為財務問題所困擾。

> **Tips** 正確的預算分配順序
>
> 一般人的預算分配順序：**收入－消費＝（投資＋儲蓄）**
>
> 正確的預算分配順序：**收入－（投資＋儲蓄）＝消費**

　　家長和老師們可以回顧第 2 課的內容，和孩子討論：「你
期望自己 10 年後（或大約 25 歲時）的每月支出是多少？你打
算如何節流？如果可以管理自己的錢，你會先投資還是先消費？
你會如何分配在投資、消費、捐款、儲蓄 4 個帳戶的比例？為

什麼？」

執行預算分配還有一個好處，還記得我們在章節 1-4 鼓勵大家記帳嗎？目的是為了能夠確實掌握支出的內容以及實現財務自由的門檻。但是坦白說，我也遇到不少家長本身並沒有記帳的習慣，所以實在很難以身作則。然而透過預算分配的方式，我們只要記錄特定帳戶的餘額，例如消費帳戶裡上個月底有 3 萬元，這個月底只剩下 5,000 元，就可以知道這個月總共消費了 2 萬 5,000元，不失為一種權宜的變通之計。

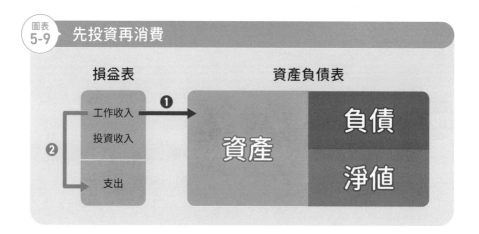

圖表 5-9 先投資再消費

⑤ 紀律是理財的關鍵

說到這裡，理財的基本觀念我都已經分享給大家了，最後要分享的是，**理財計畫成功與否其實沒有什麼秘訣，關鍵就在於是**

否遵守「紀律」而已。

　　「紀律」2個字看似輕描淡寫，要確實執行卻沒有想像中容易，好比說，這個月因為要買禮物，所以挪用了一部分投資預算拿去消費；又或者是近期因為股市表現不好，就暫緩了原訂的投資計畫⋯⋯這些都是沒有確實遵守紀律的常見行為，也是理財成功道路上的一大阻礙。

　　投資的成果需要時間累積，如果可能，我會建議盡量使用自動化的工具來執行理財計畫，例如在投資帳戶設定定期自動投資就是一個可以大幅降低人為影響的好方法。

　　設定好開源和節流的理財計畫之後，接下來就請大家持之以恆地確實執行，只要能夠堅持下去，一定會看到成果，讓我們一起努力吧！

親子理財小對話

　　讀完本章後，請在 3 天內和孩子約定 1 次或數次 30 分鐘以上的空閒時間，找一個安靜舒適的環境，一起討論以下問題：

❶ 你覺得什麼是「財務自由」，有什麼好處？

❷ 請問你的 10 年長期目標是什麼（成年後想從事什麼工作）？

❸ 承上，你的 5 年中期目標、1 年短期目標是什麼？今天你可以為這個目標採取什麼行動？

❹ 如果你可以管理自己的錢，你會先投資還是先消費？你會如何分配在投資、消費、捐款、儲蓄 4 個帳戶的比例？為什麼？

❺ 你覺得理財計畫成功的關鍵是什麼？

親子理財任務

　　請在 3 天內和孩子約定一次 30 分鐘以上的空閒時間，找一個安靜舒適的環境，參考下表，一起製作一份孩子目前的理財成績單，並和孩子討論 10 年後（或成年時）期望的未來成績單會是什麼樣貌？詢問孩子計畫如何運用「反推法」逐步實現？一起把想到的方法記錄下來。

損益表	
工作收入 _____ 元	
投資收入 _____ 元	
每月支出 _____ 元	

資產負債表	
資產	**負債**
項目 _____ 元	**淨值**
_____ 元	
_____ 元	
_____ 元	_____ 元
_____ 元	

NOTE

理財篇

PART 1

\ 和孩子談利他思維 /

學會分享、
珍惜與感謝

同學們，如果有一天實現財務自由，你們想做什麼？

我要環遊世界！

我想買豪宅！

我應該會繼續做本來在做的事。

那你們覺得有錢會比較快樂嗎？

不一定欸，可能有很多人是因為我有錢才想認識我，不容易交到真心的朋友了。

那你們覺得怎麼樣可以比較快樂呢？

我想幫助那些還在為錢煩惱的人！

我想保護地球上的動物！

有句話說，助人為快樂之本，看來你們都很懂！你們知道前世界首富比爾蓋茲和巴菲特捐款的新聞嗎？

他們說要把財富都捐給基金會，可是我媽說，有錢人捐錢只是為了形象和節稅。

我相信不是每個超級富豪都願意大方捐出所有財富，而且這些捐款每年運用的目標都有清楚的說明，所以我還是很佩服他們的善行。如果有一天你們也成了超級富豪，你想怎麼運用你的資源來回饋社會呢？

有錢不等於快樂。俗話說，為善常樂，孩子們的答案出乎我意料地充滿智慧，也讓我感到欣慰。

在我成長記憶中的老師，大多都只教如何考試、上好學校、找好工作……然後，就沒有然後了，好像人生從此就可以幸福美滿。長大之後，我們才發現真實生活並非如此。所以在學習追求財富的同時，也學習如何擁有快樂的人生，我認為是更重要的課題。

圖表 6-1 湊齊了理財課的最後一塊拼圖──公益回饋。學習理財，目的無非是為了讓自己的生活更好、讓家人的生活更好，行有餘力，還能回饋公益、兼善天下，讓他人的生活變得更好、讓這個世界變得更好！

圖表
6-1　回饋公益包括捐獻資源和時間

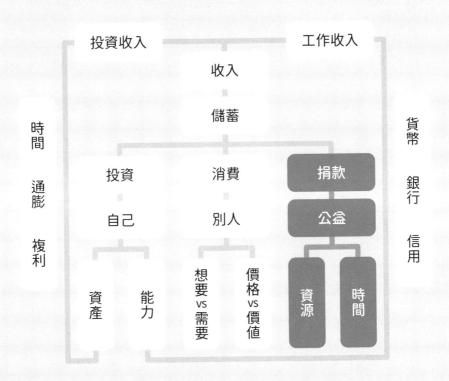

施比受有福
學校沒教的「花錢」課

　　快樂的方法有很多，不過「助人為快樂之本」是人的天性，也是有效且經過科學驗證的方法。我的理財課不只和孩子談錢而已，更要和孩子討論如何利他、讓人生更快樂、更有意義！

　　2022 年初烏俄戰爭爆發，導致許多人一夕之間流離失所、無家可歸，還記得新聞媒體播放著一幕幕難民逃亡的報導，畫面中一個落單的孩子一邊嚎啕大哭、一邊無助地走在空曠的逃難路線上，不知未來何去何從，令人鼻酸。當時，我也鼓勵我的孩子們一起捐出微薄的預算，表達對難民們支持的心意。

⑤ 不是「捐錢」才叫做公益

　　回想起我和公益團體合作的活動，其中有些家庭的財務狀況真的必須仰賴他人善心才能維持，令我印象深刻，所以我經

常提醒孩子們，施比受更有福，有能力捐款其實是一種值得珍惜的幸福。

就像那些新聞報導中的難民，在戰爭爆發前可能也過著衣食無虞的生活，然而國際局勢瞬息萬變，他們可能從來沒想到，自己會在一夕之間，從原本有能力幫助別人，變成需要被幫助的人！我們除了引以為鑑，更應該懂得珍惜與感謝！

談到公益，一般人最常想到的方式就是捐款，不知道你有沒有想過，我們捐的錢都用到哪裡去了呢？是不是真的如我們期望地被妥善利用了呢？如果捐給公益團體，可以試著搜尋該團體的網站，有沒有提供營運報告和財務報表（是的，就是理財成績單），通常這些善款多半是用於採購物資，或是聘用專業人員提供服務。能夠清楚交代資金運用狀況的團體，比較值得信任。

除了捐款之外，直接捐助資源或時間其實也是一種回饋的方式，例如捐贈舊書籍、舊玩具，或是捐出時間從事志工服務，只要符合對方的需求，都算是一種廣義的公益服務。

所以我也曾和孩子一起參與捐贈物資、擔任志工，只不過通常都是配合不同的主辦單位零星參與，比較缺乏系統化的長期投入。坦白說，雖然體驗有餘，但深度不足，甚至有些亂槍打鳥的感覺，這不禁讓我開始思考，如何提升自己在公益回饋的品質與效益？像比爾蓋茲和巴菲特這樣的巨富，又會如何讓自己的善心

捐款的效益最大化？剛好新聞報導給了我們方向。

$ 教導孩子有意義的花錢

圖表 6-2 顯示，從 1994 ～ 2022 年，蓋茲夫婦已經捐贈了 390 億美元給蓋茲基金會，而巴菲特從 2006 年以來也同樣捐贈了大約 357 億美元。

比爾蓋茲在 2022 年 7 月表示，將再捐贈 200 億美元給他和前妻梅琳達共同經營的慈善基金會，他也承諾該基金會的每年支出將增加 50%，以協助全球對抗可預防的疾病、不平等和貧窮等重大挫折。

蓋茲提到：「這不是犧牲，能夠參與解決當今世界的重大挑

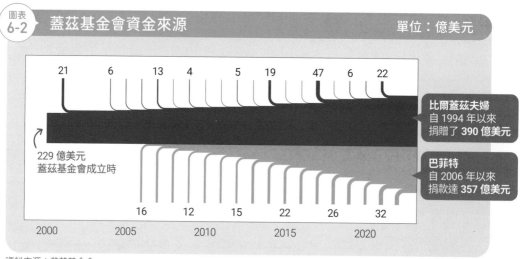

圖表 6-2 蓋茲基金會資金來源　　單位：億美元

資料來源：蓋茲基金會

戰，我感到很榮幸。我計畫將我所有的財富都捐給基金會，我將會從世界首富的排行中掉下來，最終退出。」

想想其實很合理，如果我有一大筆錢，也會考慮成立自己的基金會，招募專業團隊來規劃資金的運用與安排。不然就學習巴菲特捐給自己認同且信任的機構，但這樣的機會也講求緣分。

和我的孩子分享了這則新聞後，我問他們：「如果有一天，你們也擁有驚人的財富，你們想要怎麼運用？」一直很喜歡動物的姊弟倆不約而同地說：「我要拿來幫助全世界的動物！」

「很棒喔！不過這個目標有點大，你們可以再思考的更深入一些，例如哪些動物需要優先幫助？牠們遇到什麼困難？可以怎麼幫助牠們？有沒有人已經在做類似的工作？我們可以怎麼學習做得更好？而且不用等到有錢之後，而是現在就可以開始研究，說不定這也會是一份很棒的工作呢！」

這其實也是一種「反推法」的運用，先設定長期目標，再反推階段目標。

讓我感到諷刺的是，我們的傳統教育致力於訓練學生考試，以取得好成績、好工作、好收入⋯⋯**卻從沒教導學生要如何好好花錢、有意義的花錢、有效率的花錢**，更不用說要花錢協助解決社會問題，甚至有不少人會對捐款回饋社會的人指指點點，實在是非常可惜。

行善新力量
社會企業正夯

基金會雖然是一種常見的公益機構，但是像蓋茲基金會這樣規模龐大的組織，畢竟是相對少數，而且基金會的資金來源必須仰賴捐贈，並不是每個基金會都有穩定的金主支持。相較之下，與眾不同的馬斯克也有他對慈善的獨到觀點。

馬斯克在 2022 年接受 TED 訪問時提到：「SpaceX、Tesla、Neuralink、The Boring Company 都是慈善事業。如果說慈善是對人類的愛，那麼這些公司都是慈善事業。Tesla 正在加速永續能源轉型、SpaceX 正在幫助人類轉型成為多行星物種、Neuralink 協助解決腦部損傷與 AI 的潛在危機、Boring Company 解決惱人的交通問題，這些都是對人類的愛。」

雖然在傳統的觀點裡，不會把企業視為公益機構，但以企業經營的方式解決社會問題的思維，確實越來越受到大眾矚

目。特別是創辦孟加拉鄉村銀行的經濟學家穆罕默德尤努斯（Muhammad Yunus）博士在 2006 年獲得諾貝爾和平獎之後，關於「社會企業」的討論就如雨後春筍般地出現。

⑤ 社會企業能帶來更大影響

所謂的「社會企業」，簡稱「社企」，簡單地說，是一種介於企業與公益團體之間的組織，社企的經營目標在於協助解決某種社會問題，並以企業經營的方式提供產品或服務。所以在目標上，社企具有公益的精神，而在執行上，又能擁有企業的效率，以及自給自足的財務資源，可說是兼具兩者優點的智慧選擇。

2019 年的社會型企業東亞年會，主題是「賺錢很快樂，幫助他人快樂更是超級快樂（Making money is happiness, making other people happy is super happiness.）」。這句話可說是我投入理財教育的最佳心情寫照，除了引導自己的孩子、親友的孩子，我也希望分享自己的經驗，幫助更多孩子、更多家庭建立正確且無痛的理財觀念，擺脫財務問題的桎梏，那就是我最大的快樂了！

很幸運地，就在 2020 年時受到葉丙成老師邀請，開啟了我的教育斜槓生涯。雖然目前這還只是個人的一份「副業」，不過只要有機會，我就會帶著孩子一起討論思考，讓他們一起參與這

個「創業」的過程，說不定，這會是另一個社會企業的起點？當然，更歡迎對理財教育充滿熱忱的朋友，一起加入我們的行列。

其實，除了大學教授的身分之外，葉老師本身也是一個社會企業的創業、經營與實踐者。葉老師在 2014 年帶領團隊開發 PaGamO 遊戲教學平台，成功獲得華頓商學院的年度教學創新獎，據說與各國教授團隊聊天時，最常被問到的 4 個問題是：你叫什麼名字？哪裡來的？你做的是什麼？你做的東西有多少人用？而第 4 個問題將決定這個聊天有沒有繼續的必要。

PaGamO 就是一個以解決教育不平等為目標的社會企業，幫助許多弱勢學童獲得學習資源，造福了全台灣數以萬計的學子。葉老師曾多次提到：「我想要做真正有影響的事情，真的可以幫助很多人、改變很多人」、「若這件事情沒有利他性，我就不會有那樣的熱情」。

⑤「助人為快樂之本」經過科學證實

正向心理學家索妮亞柳波莫斯基（Sonja Lyubomirsky）博士在《這一生的幸福計畫》書中提出 12 個經過科學驗證的快樂方法，其中之一就是行善，印證了那句老話：「助人為快樂之本」！

如果你的家庭或學校原本就有從事公益回饋的習慣，那麼非常恭喜！你已經掌握了人生快樂的秘訣之一！如果還沒有也不要

緊，從今天起，爸爸媽媽、老師們可以和孩子、學生們一起討論，從個人的預算分配開始規劃，並進一步透過年度報告、財務報表認識捐款對象，以及他們的工作進度，甚至可以一起捐出時間擔任志工，了解公益團體的訴求和面臨的挑戰。

或許，還可以和志同道合的朋友們一起組成團隊，像葉老師一樣創立一個社會企業（或公益團體），把解決社會問題當成一份主要的工作。

從事利他工作最有趣的一點是，就算我們不是超級富豪，也可以和超級富豪一樣享受相同的快樂。我天真地相信，**透過理財教育和利他思維的啟發，每個孩子都有機會成為財務與心靈的「雙重富豪」**。當這個社會有越來越多擁有利他思維的正向富豪時，我由衷相信，我們的世界也會變得越來越好。

親子理財小對話

　　讀完本章後，請在 3 天內和孩子約定 1 次或數次 30 分鐘以上的空閒時間，找一個安靜舒適的環境，一起討論以下問題：

❶ 如果有一天實現了財務自由，你想怎麼安排你的生活？

❷ 你覺得有錢就會比較快樂嗎？

❸ 你覺得做哪些事會讓你覺得快樂？

❹ 你有哪些幫助別人的經驗？感覺如何？

❺ 如果有一天你也成了超級富豪，你想怎麼回饋社會？

NOTE

投資篇

PART2

和孩子談投資工具

認識
股票、基金、ETF

老師，投資工具那麼多，要怎麼選擇呢？

對啊，我們都還未成年，有什麼我們可以投資的工具嗎？買房子、創業、選股票……好像都很不容易耶！

投資的確是一門大學問，尤其是面對五花八門的投資工具，常常連大人們都不一定熟悉呢！不過，還是有適合同學們學習的入門工具，那就是所謂的「股票指數型基金」，英文簡稱 ETF。

什麼是 ETF 啊？

這堂課，就讓我用巴菲特的故事開場，帶著大家一起認識各種常見的投資工具吧！

　　第一部分我們討論了「理財」的概念，從第二部分開始，將真正進入「投資」的世界。

　　美國「股神」華倫巴菲特（Warren Buffett）生於 1930 年，撰寫本書之際，他已高齡 93 歲，身價約 1,231 億美元，是排名全球前 5 大的超級富豪。以往他和比爾蓋茲兩人幾乎都是名列世界第一或第二的頂尖富豪，一直到近幾年由於捐出大部分財富，才讓出領銜寶座，儘管如此，他還是非常富有，而且據說他是唯一透過投資成為世界首富的人（其他都是創業家）。

巴菲特 11 歲就開始投資股票，25 歲時成立了自己的投資公司，到 2023 年已經有超過 80 年的投資經驗，公開投資績效的紀錄長達 68 年以上，年化複利率高達 20%，成績非常出色。雖然一般人都以為他的成功是因為非常擅長選擇投資標的，不過巴菲特其實還有一個鮮為人知的致富秘密，那就是「借錢投資」！

　　咦？不對吧！有關巴菲特的報導都說他提倡不要借錢投資啊！怎麼會說他的秘密是借錢投資？事實上，巴菲特並不是採用一般傳統的方式借錢，而是透過買下保險公司這個絕妙的高招來「借錢」。

　　接著，就讓我們先來認識一下什麼是保險吧！

保險不是投資
兩者別混爲一談

我常常遇到許多家長、老師因為無暇研究投資理財，所以花了大筆資金購買儲蓄險，或是一些類儲蓄的險種，把保險當成一種投資，只希望能獲得比銀行定存更好的回報。雖然我不是保險專家，然而在我的觀念裡，**我認為應該把保險歸保險、投資歸投資才是正確的理財觀。**

大人們也可以找機會問問孩子：你知道什麼是保險嗎？你知道爸爸媽媽有幫你買保險嗎？

$ 花小錢買大保障

所謂的保險是一種保障機制，買保險就是和保險公司或政府機構簽訂合約，平時每個月要先繳交數百或數千元相對便宜的保費，但是萬一生病，或出了意外，甚至是退休時，保險公司或政

府機構就會根據保險合約的內容，提供相對高額的理賠金，降低我們的損失，這就是保險的基本概念。

　　舉例來說，在台灣大家最熟悉的就是「全民健康保險」，簡稱健保，幾乎每個台灣人都有健保，雖然平時每個月要繳交小額健保費（保費依每個人的職業類別與薪資所得而有所不同），一旦生病需要就醫的時候，通常我們只要負擔一部分基本費用就好，絕大部分的醫療開銷是由健保制度來支付。

　　再舉個例子，出國旅行時通常我們會購買旅行平安險，或者開車的駕駛人都要購買汽車強制險，這些都只要支付便宜的保費，就可以買到上百萬或上千萬的保障，萬一出國或開車時不幸遇到意外，保險公司就會根據合約提供理賠。

　　簡單來說，保險就是一種「互助合作」的工具，集合大家的小錢變成一筆大錢，當少數人發生意外時，再從這筆大錢提撥資金協助，這就是保險的基本互助精神。由此可知，**保險的本質是強調風險管理，而投資是期望獲利增值，兩者的邏輯截然不同。**

　　但是為什麼保險公司願意提供高額的理賠金呢？保險畢竟不是慈善事業，保險公司也很精明，在保險公司裡有一種職務叫「精算師」，他們會精算各種意外發生的機率來設定保費。

　　舉一個簡化的例子，假設台灣每年發生車禍意外死亡的機率是萬分之一，就是平均每 1 萬人當中可能會有 1 個人因為車禍而

意外死亡。若某保險公司有 1 萬名客戶，每人每年繳交 1,000 元保費，保險公司 1 年就可以收到 1,000 萬元的保費收入，但是必須扣掉給付給「萬分之一」因車禍意外死亡的保戶 500 萬元理賠金，這對個別保戶而言，的確是用小錢（1,000 元）買到了大保障（500 萬元）；對保險公司來說，剩下的 500 萬元就像是「賺到的」，可以在法規允許範圍內自行運用，所以對保險公司來說，這是一門充滿誘因的好生意。

$ 購買儲蓄險可能因小失大

巴菲特的投資生涯裡買進了好幾家經營出色的保險公司，例如 GEICO、通用再保，2022 年又以 116 億美元大手筆收購 Alleghany，如此一來，他就可以利用這些閒置的保費（又稱為「浮存金」）來進行投資，就好像是買保險的保戶們借錢給巴菲特去投資一樣，如此一年又一年的累積，造就了巴菲特驚人的財富身家，這就是巴菲特鮮為人知的致富秘密。

明白了巴菲特的致富秘密之後，應該不難理解，**購買昂貴的儲蓄險實際上就相當於借錢給保險業者去投資**，雖然可以獲得一定的保障，但考慮到機會成本與時間複利的價值（錢被「鎖」在儲蓄險不能動用），結果很可能反而因小失大啊！

我並不是否定保險的功能與重要，險種的選擇與保費的規

劃，確實是一門值得花時間好好研究的學問，不過在換位思考體會了股神的秘密之後，我們是不是還要「借」那麼多錢給「巴菲特們」去投資呢？或許可以好好地重新評估一下。

相信許多家長都會幫孩子買保險，對於「保險越早買越便宜」這句話大概也不陌生，但看到這裡，不知道你是不是也會覺得「投資其實也應該越早開始越好」呢？不過，應該投資什麼呢？聰明的你可能已經猜到，對了，就是 ETF！為什麼？就請讀者們繼續看下去囉！

順帶一提，巴菲特購買保險公司也是經過精挑細選的。2022 年台灣疫情爆發，染疫人數飆升，結果造成保險公司的防疫險產生大量理賠案件，導致保險業發生大幅虧損，就是一個經營不善的經典案例。

工具① 股票
靠股利或價差賺錢

揭露了巴菲特的秘密之後，大家知道巴菲特都把錢拿去投資些什麼嗎？簡單來說，主要就是股票，優秀企業的股票。

圖表 7-1 是統一超商（7-11）的股票樣本，因為現在股票交易大多電子化，所以已經很少有機會看到實體股票了。

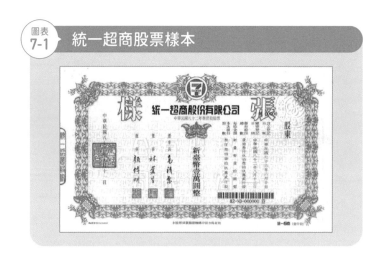

圖表 7-1 統一超商股票樣本

台灣的股票通常 1 張代表 1,000 股，如果統一超商的股價是 250 元，代表買 1 張統一超商的股票要價 25 萬元（250 元 ×1,000 股）。當然，對大部分孩子來說，25 萬元是一筆龐大的資金，所幸台灣股市已經開放「盤中零股」交易制度，連小朋友也可以利用壓歲錢或零用錢來投資「零股」，也就是只買 1 股、2 股這種零星的股數，而不必一次將 1,000 股整張買進。

⑤ 買進股票就成為公司「小老闆」

但「股票」究竟是什麼呢？所謂的股票，其實代表公司所有權的一部分，所以當我們買進統一超商的股票時，我們的身分就成了「股東」，表示我們擁有這家公司所有權的一小部分。如果把整家公司想像成一塊大披薩的話，我們就像擁有其中一小片的意思。

股東也可以說是公司的老闆，當然，資金比較雄厚的投資人，可以買比較多股票，那就是大股東、大老闆，而一般投資人持有的股票比較少，就是小股東、小老闆，不過每一股的權利和義務都是一樣平等的。這就是投資股票的基本概念，雖然很簡單，但卻很重要，因為很多大人們也不一定明白這個道理呢！

而且，公司和個人一樣也有理財成績單喔，用我們在章節 4-1 學過的資產負債表來觀察，公司的淨值又稱為股東權益，表示公

司所擁有的資產扣除負債之後，剩餘的部分就是所有股東（按持股比例）共同持有的價值。所以投資人在投資股票之前，其實都應該好好地先檢視一下公司的理財成績單（財務報表），才能觀察公司的經營成績，判斷是否值得投資。

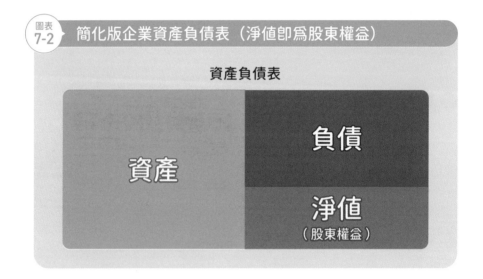

圖表 7-2　簡化版企業資產負債表（淨值即爲股東權益）

資產負債表

資產

負債

淨值
（股東權益）

💲 投資股票 2 大獲利：股利、價差

那麼，成為股東有什麼好處呢？假設我們買了統一超商的股票，只要公司有賺錢，通常每年會把賺到的錢提撥一部分回饋給股東分紅，這就叫做「股息」或「股利」。

以統一超商為例，2022 年公司配發每股 9 元的現金股利，也就是說如果我們擁有 1 股股票，就可以收到 9 元現金股利，雖

然這個金額乍看好像不多，不過如果累積到 1,000 股，股利就有 9,000 元，累積到 1 萬股，股利就有 9 萬元……那就不能小看了。

　　不過，有一種情形是公司賺了錢不一定會分紅，而是把賺到的錢拿去進行再投資，例如統一超商早期為了拓展事業版圖，將大部分的獲利保留下來繼續投資開新的門市，那麼發放給股東的現金股利比例就會相對比較少。股神巴菲特的公司波克夏海瑟威（Berkshire Hathaway）就是一個經典的例子，波克夏從來沒有發放過現金股利，因為股神把賺到的錢都拿去投資在更好的機會上。

　　諸如此類的情形，雖然股東短期內無法領到股利，但是隨著再投資的成果顯現、公司獲利成長，屆時就會有人願意用更高的價格來購買股票，推升股價長期上漲。如此一來，我們所持有的股票價值就會跟著水漲船高，雖然沒有股利可領，但卻賺到了「價差」，或稱為「資本利得」，而且股價上漲幅度往往遠超過現金股利的水平，收穫反而更大呢！**賺取「股利」和「價差」，這就是成為股東的 2 大好處**。

　　相反地，如果公司經營不善，例如 2020 年疫情爆發初期，很多餐廳或商店都倒閉了，投資這些公司的股東可能連原本投入的本金都拿不回來，損失慘重，這也是投資股票時必須審慎考量的風險。

> **Tips** 不要有「高股息」迷思
>
> 就我個人的觀察，台灣有許多投資人具有「高股息（利）迷思」，一味追求高股息、高殖利率的投資標的，卻忽略了真正該重視的是公司營運狀況，如果基本面不佳，股價下跌造成的損失可能遠超過股息的收入，反而得不償失。

💲 在生活中練習觀察公司經營狀況

投資股票，關鍵就是要對投資的公司有一定的研究與了解，例如公司是做什麼生意？靠什麼方法賺錢？能不能穩定長久？有哪些競爭優勢？應該用什麼價格投資才合理？這些都是一個負責的投資人應該做的功課——只選擇自己熟悉的產業或公司投資，認清自己的「能力圈」，這也是巴菲特成功的關鍵之一。

我的孩子們經常到統一超商消費，所以一有機會我就會和他們討論，請他們觀察看看店裡都賣些什麼？大家都到店裡買些什麼？生意好不好？這是不是一門穩定可靠的生意？既然孩子是忠實的消費者，何不考慮成為股東？在花錢的同時，也可以幫自己賺錢！所以我趁著 2020 年初期疫情爆發、股市大跌的時候，用他們的壓歲錢，幫孩子們買進了一些統一超商的零股，讓他們學習觀察和追蹤後續的發展。

另外，孩子們和媽媽都是 Netflix 和迪士尼的忠實觀眾，所

以在追劇時,我也會找機會和他們討論這 2 家公司的營運發展與股票走勢。

　　同樣地,我鼓勵家長、老師們可以留意日常生活中和孩子們息息相關的企業,從食、衣、住、行、育、樂等各方面探索,引導孩子們開始認識企業的運作,並且配合企業的「理財成績單」,觀察營運的成績,培養對商業思維的敏銳度,甚至找到投資的靈感,這就是所謂的「生活投資法」。

親子互動學理財

什麼是債券?

　　除了股票之外,「債券」也是常見的投資商品,但什麼是債券呢?在公司發展過程中,如果需要資金擴張營運時,除了發行股票吸引投資人成為股東之外,另一種常見的方式就是「舉債經營」,包括章節 3-2 節討論的向銀行借錢,或者是透過「發行債券」向大眾借錢,這部分屬於資產負債表右側的負債項目。

　　有些保守的投資人,比較重視穩定的收益,可以選擇投資債券,成為公司的債權人(借錢給公司的意思),賺取固定的利息。雖然債權人無法像股東一樣可以享受公司成長的果實,卻可以領到穩定的利息,而且當公司遇到經營不善的情況時,債權人也比一般股東享有優先的請求權,不失為一種平衡的投資選擇。

工具② 基金
把錢交給專家操作

由上一節的內容可知，投資股票（債券）之前有許多功課要先完成，但是坦白說，對大多數人而言，研究公司其實並不容易，必須投入不少時間、心力，特別是一般人平常都有自己的工作要忙，更沒有時間兼顧。那該怎麼辦呢？於是就有了「基金」這種投資工具。

近代歷史上第一個共同基金是在 1924 年成立的麻州投資人信託基金（Massachusetts Investors Trust），距離本書發行（2024 年）剛好 100 年。

💲 專家也不是「穩賺不賠」

基金的全名是共同基金（Mutual Fund），因為有很多人想投資股票（債券），但又沒有時間深入研究，這時基金公司（投

信業者）就可以發行基金來幫大家解決這個問題。有點類似保險的概念，把大家的小錢集合起來變成一筆大錢，而基金公司會聘請一位或一群類似巴菲特的投資專家，負責幫大家研究、進行投資，這個工作就叫基金經理人。

我在章節 1-3 曾經提到，基金經理人並不是基金公司的股東或老闆，他們的工作收入主要是薪水和獎金，萬一工作表現不如預期，大不了就拍拍屁股走人，所以並不是每個基金經理人都有足夠的動力或能力提升基金的長期績效，如果想要透過基金減少研究個股的時間，還是要先了解一檔基金長期以來的績效表現、風評。

我來考考大家，如果有一檔基金，過去 1 年來的績效（報酬率）是 20%，也就是年初投資 100 元，到年底時成長為 120 元，請問你覺得這個基金經理人的成績如何呢？我想大部分人應該都會覺得很棒或還不錯！

但如果過去 1 年來的績效是負 20%，也就是年初投資 100 元，到年底只剩下 80 元呢？我想大部分人應該會覺得糟透了！

我們在學校考試的時候，通常是以 60 分為及格標準，但是要怎麼檢視基金經理人的成績呢？其實需要運用更客觀的評估工具。對於基金經理人來說，上述的正 20% 或負 20% 就是他的年度成績，但要怎麼知道基金經理人有沒有「及格」呢？

親子互動學理財

還是不了解什麼是「基金」嗎？

常聽專家說：「買進一檔基金，就是買進一籃子股票」，是什麼意思呢？在前一節舉了統一超商的例子，如果統一超商股價是 250 元，買進 1 張就要 25 萬元，就算買零股，這筆資金也只能買 1 家公司的股票；相對的，買進一檔股票型基金，裡面就包含了十幾家甚至數十家公司的股票，同一筆錢可以多元投資，達到分散風險的效果。

基金可以使用「定期定額」的方式投資，也就是選好標的後，每個月設定扣款日期和金額（最低只要 1,000 ～ 3,000 元），就可以進行長期投資了！市場上基金種類很多，可以依照自己的需求挑選，好處是只要做好初期研究功課，之後定期追蹤績效就可以了，不用像投資股票，要研究很多家公司的資料，所以市場上也說定期定額買基金是「懶人投資法」。

$ 投資及格標準：贏過「大盤指數」

一般來說，通常我會運用一個稱為「基準指數（Benchmark Index，簡稱指數，俗稱大盤指數）」的工具作為衡量及格的標準。

以台灣股市來說，這個標準通常是指「加權股價指數」，或者「台灣 50 指數」；在美國股市則是指「標普 500 指數」、「那斯達克指數」或「道瓊指數」三大指數，這些「指數」就是衡量基金經理人及格與否的工具。

所以如果有一位基金經理人，過去 1 年來的績效是 20%，

但是同一時間對應的指數績效是 40%，那麼這位基金經理人的表現其實是不及格的！相反地，如果有一位基金經理人，過去 1 年來的績效是負 20%，但是對應的指數績效卻是負 40%，那麼這位基金經理人的成績其實算是相對出色喔！

但是「指數（Index）」究竟是什麼呢？簡單來說，就是用來代表目前股市高低水平的數字。例如常聽到大家說「今天台股漲了幾點、跌了幾點」，指的就是台灣股市的「加權股價指數」，也就是把台灣近 1,000 家上市公司，例如台積電、聯發科、鴻海、國泰金控、台塑集團、中華電信、長榮海運、統一超商⋯⋯等公司的價格全部彙整起來，透過數學公式，按照公司規模比例計算出來的一個數字，這個數字就稱為指數，用來顯示台灣全體上市公司的價格水平。

以 2021 年來說，台灣加權股價指數（大盤指數）從年初的 14,732 點上漲到年底的 18,218 點，漲幅約 23.66%。也就是說，上述那位基金經理人努力工作了一整年獲得 20% 的成績，結果距離及格的標準還是差了臨門一腳。

💲 長期績效要贏過大盤不容易

指數除了作為衡量績效的基準之外，還有一個更重要的意義，而且我認為這是許多人都忽略的關鍵數據，根據美國標準普

爾公司在 2019 年所做的統計（圖表 7-3），在全球股票基金經理人之中，**若以 1 年為期，其實有 57% 的基金經理人是不及格的；如果把時間拉長到 15 年，不及格的比例竟高達 83% 以上！**嘿，這些基金經理人，有不少可是世界名校的學霸呢！

| 圖表 7-3 全球「不及格」的基金經理人占比 | | | 單位：% |

項目	1 年	5 年	10 年	15 年
全球	57.1	75.3	82.6	83.2
全球不含美	57.3	77.7	77.8	90.4
全球小型股	60.5	74.0	62.8	68.4
新興市場	36.1	78.9	77.1	90.6

資料來源：標普公司

所以儘管基金經理人的確有可能在 1、2 年的短期時間內表現出色，但若以 5 年、10 年以上的時間架構來檢視，**時間越長，不及格的比例也越高**，這也是為什麼能夠長期打敗大盤指數的優秀投資人，例如巴菲特（別忘了他有 60 多年的公開成績），會受到大眾關注和崇拜的主要原因，畢竟這樣的大師級人物真的是有如鳳毛麟角般的存在。

這樣看來，不僅自己選股票投資不容易，就連選擇一檔好的基金（經理人）好像也不是容易的事啊？那該怎麼辦才好呢？

　　還好，有一位名叫約翰伯格（John Bogle）的聰明人，在
1976 年推出了一種稱為指數基金（Index Fund）的工具（就是
鼎鼎大名的「先鋒 500 指數基金」），幫大家解決了這個難題。
他不僅被後人譽為「指數基金之父」，更間接促成了現在大家常
聽到的指數股票型基金（ETF）的投資熱潮。

　　寫了這麼多，終於要談到重點了！下一節快來和我們一起認
識 ETF 吧！

工具③ ETF
長期投資最具優勢

什麼是 ETF 呢？它的全名是 Exchange Traded Fund，從字面上翻譯，應該稱為「交易所買賣基金」，通稱「指數股票型基金」。ETF 是一種和股票一樣可以直接在交易所（股市）買賣的基金，而上一節提到的共同基金，主要是透過銀行、基金業者或平台買賣，但是不能在股市交易，這也是兩者的主要差異之一。

ETF 和共同基金的差異除了買賣的通路不同之外，還有一個最大的差別，前面提到買基金就是把錢交給專家投資的意思，也就是說把「選股（或債券等其他投資標的）」的工作交給基金經理人，因此基金經理人的素質會影響績效表現，而 ETF 的經理人通常不必「主動」選股，而是只要「被動」追蹤特定指數即可，也就是說，指數包括了哪些公司，ETF 只要按比例買進那些公司

的股票就行了。

$ 搞懂 ETF 的分類

　　美國的第 1 檔 ETF 發行於 1993 年（股票代號 SPY，追蹤
S&P 500 指數），剛好距今（2023 年）滿 30 年；而台灣的第 1
檔 ETF 元大台灣 50（股票代號 0050，追蹤台灣 50 指數）發行
於 2003 年，也剛滿 20 歲囉！

　　台灣 50 指數包括了以台積電為主的 50 家台灣市值最大的
企業，所以投資台灣 50 指數 ETF，就等於按比例一次買進這 50
家公司的股票，理論上來說，投資 ETF 的績效，和特定指數的
表現應該非常、非常貼近。

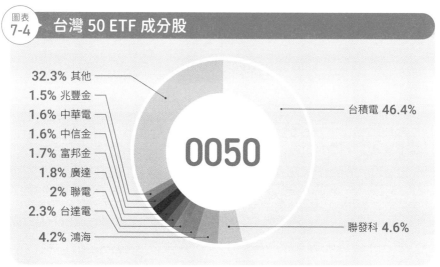

圖表 7-4 **台灣 50 ETF 成分股**

- 32.3% 其他
- 1.5% 兆豐金
- 1.6% 中華電
- 1.6% 中信金
- 1.7% 富邦金
- 1.8% 廣達
- 2% 聯電
- 2.3% 台達電
- 4.2% 鴻海
- 台積電 46.4%
- 聯發科 4.6%

0050

資料來源：元大投信，最新資料以發行商公告為準

不過，近年 ETF 在全球及台灣的發展已經如雨後春筍般地普及，投資的選擇也越來越多元，為了幫助大家更了解 ETF，我根據投資的內容，簡單把 ETF 分為 5 種類型（圖表 7-5），其中，以投資股市為主的股票型 ETF 又可以再進一步細分為 5 種次類型（圖表 7-6）。

圖表 7-5　ETF 分類

項目	ETF 類型	代表 ETF 名稱
1	股票型	台灣 50、S&P 500
2	債券型	美政府公債、公司債
3	商品型	石油、黃金
4	槓桿型	台灣 50 正 2
5	反向型	台灣 50 反 1

圖表 7-6　股票型 ETF 分類

類別	股票型 ETF 次類型	代表 ETF 名稱
A	大盤型（市值型）	台灣 50、S&P 500
B	產業型	半導體、電動車、5G
C	策略型	高股息、動能
D	主題型	元宇宙、ESG
E	主動型	美國方舟（ARK）

「主動型 ETF」是少數特例

一般來說，ETF 主要是採取被動管理投資的方式，不過由美國「女股神」凱薩琳伍德（Catherine Wood）所創辦的方舟（ARK）投資公司推出了一系列主動型 ETF，採取像傳統基金一樣由基金經理人主動選股的方式，而不是被動複製指數成分股，這是目前比較少見的例子。

$ 大盤型 ETF 的神奇表現

請注意，為了避免誤會，**如果沒有特別說明，本書中提到的 ETF，指的都是大盤型（市值型）ETF，也就是圖表 7-6 的 A 項**，因為一般來說，大盤型 ETF 最能貼近該市場的整體表現，像是台灣 50、美國 S&P 500 等 ETF，而非其他類型的 ETF。

我常遇到一些朋友還沒完全理解「金雞計畫」的內涵，只看到「投資 ETF」的字眼就貿然進場買進，結果買的都不是大盤型 ETF，偏離金雞計畫的初衷。**非大盤型的 ETF 不是不能買，而是我只會作為輔助工具，不會當成主要投資標的。**

我記得在學生時期，老師常常提醒一句話：考試要考好一定要用功唸書，但用功唸書卻不保證一定考得好，因為運氣的因素很難控制，只有努力是自己可以掌握的，所以努力很重要。其實各行各業的工作幾乎都是如此，不論是想成為優秀的醫師、律

師、工程師、Youtuber⋯⋯除了天分之外，一個人的成就和付出的努力大致呈現正相關。

　　不過，似乎只有在投資這個領域例外，我覺得大盤型 ETF 真的是一個天才的發明！

　　為什麼我特別強調大盤型 ETF 呢？因為從圖表 7-3 的統計可以理解，**只要長期投資大盤型 ETF，不需要特別努力研究高深的投資技術，就可以每年都獲得「及格」的成績！**而且隨著時間的累積，5 年、10 年、15 年⋯⋯甚至更久以後，我們的投資成績將不僅僅只是及格而已，更會變成超越 80% 以上投資專家的績優生！

　　不用自己耗費心力選公司、選基金經理人，就可以獲得合理（甚至出色）的投資成果，讓我忍不住想大聲呼喊：這真的是太神奇了！

　　當然，我並不是要否定努力的重要，如果你或你的孩子立志想要成為下一個巴菲特，希望透過主動選股（或選基金）進行投資，我還是非常鼓勵大家勇於挑戰，尤其是在 30 歲之前的年輕朋友。不過，我也想務實地提醒，如果已經超過 30 歲，還沒有闖出一番成績，就要認清自己可能不是下一個巴菲特，因為我所知道的投資大師或優秀投資人，大多都是在 30 歲之前就已經鋒芒畢露了。

　　沒能成為下一個巴菲特也沒有關係，因為這就是本書的核心精神——即使家長們或孩子對投資理財完全沒有興趣，還是一樣可以透過大盤型 ETF 獲得合理的投資回報，幫自己養一隻會下金蛋的金雞母，實現財務自由的目標！

💲 股神巴菲特的績效也認輸

　　不過也有學生問我，既然巴菲特那麼厲害，那我們直接投資巴菲特（或其他大師）的公司股票也可以啊！好聰明呀！這的確是個好方法，不過……

　　2008 年 9 月從美國引爆的「金融海嘯」危機，造成全球股市大崩盤，台股最低跌到 3,635 點，美國 S&P 500 指數最低跌到了約 666 點，假如時光能倒流，回到 2008 年底「金融海嘯」的尾聲，現在看來，那是一個絕佳的進場時機。如果我們根據巴菲特過往的「神蹟」，決定危機入市投資巴菲特的波克夏公司，也就是把錢交給巴菲特幫我們操盤投資，結果會是如何呢？

　　雖然我們非常尊敬巴菲特，但是來看看 2008 年底至 2023 年巴菲特的波克夏公司、美國 S&P 500 總報酬指數的股價走勢對照績效表現，結果恐怕會跌破大家的眼鏡，由圖表 7-7 看出連股神巴菲特也輸給了指數！儘管未來巴菲特還是有可能重振雄風，不過截止本書寫作之際，這個結果仍未改變。

圖表 7-7　2009 ～ 2023 年波克夏 vs S&P 500 總報酬指數績效

資料來源：Yahoo

Tips　認識總報酬指數（Total Return Index）

總報酬指數和一般常用的大盤指數差別在於，前者包括指數成分股所配發的現金股利價值，比後者更能真實反映市場的長期價值。以台灣的常見的「加權股價指數」為例，在 2021 年底是 18,218 點，但其實還有另外一個大家比較陌生的「加權股價『報酬』指數」，同時間則是 36,138 點。

這個「報酬指數」已經將上市公司歷年配發的現金股利也計算在內，就是一種「總報酬」的概念。嚴格來說，要採用指數作為衡量投資績效的標準時，最好使用總報酬指數會更準確。

　　事實上，巴菲特自己也經常在公開場合鼓勵大家投資低成本的大盤型 ETF。不僅如此，雖然比例不高，不過連巴菲特自己的波克夏公司，也「身體力行」在 2019 年底開始投資追蹤 S&P

500 的 ETF。

我要強調的是，**一般投資人要自己挑選好公司不容易，要找到優秀的基金經理人，也同樣不是那麼簡單的事**。更別說目前檯面上的投資大師們，很有可能在未來的某一天也會面臨「不及格」的窘境，這也是我選擇以大盤型 ETF 作為主要投資工具的主因之一。

那麼，大盤型 ETF 究竟包括哪些公司呢？以美國 S&P 500 ETF 來說，前幾大成分股如圖表 7-8 所示，2023 年占比最高的是蘋果（Apple）公司，占比約 7.2%，也就是投資人每投資 100 元購買 S&P 500 ETF，會有 7.2 元是投資在蘋果公司的股票；其次是微軟公司，占比為 6.6%。

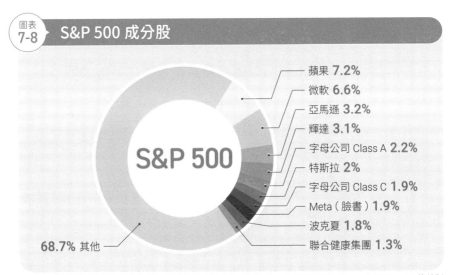

圖表 7-8　**S&P 500 成分股**

蘋果 **7.2%**
微軟 **6.6%**
亞馬遜 **3.2%**
輝達 **3.1%**
字母公司 Class A **2.2%**
特斯拉 **2%**
字母公司 Class C **1.9%**
Meta（臉書）**1.9%**
波克夏 **1.8%**
聯合健康集團 **1.3%**

S&P 500

68.7% 其他

說明：最新資料以發行商公布為準，字母公司（Alphabet）為 Google 股票名稱，Class A 跟 Class C 的差別在股東有無投票權，兩者報酬幾乎一致，差異並不大。

至於台灣 50 ETF 的主要成分股如圖表 7-4 所示，2023 年市值最高的是台積電，占比約 46%，也就是投資人每投資 100 元購買台灣 50 ETF，其實有將近一半是投資台積電的股票；其次是聯發科，占比為 4.6%。

$ 大盤型 ETF 不怕買到壞公司

不知道大家還記得蘋果當紅的 iphone 手機是在什麼時候上市的嗎？

答案是 2007 年，不過當年蘋果公司的市值規模還排不上 S&P 500 指數的前 10 名，當年排名第一的是石油公司艾克森美孚（ExxonMobil）。然而就在短短的 5 年後，蘋果公司在 2012 年超車榮登美國市值第一大的企業，取代了原本的榜首，並且一路蟬聯 10 年至今（2023 年）。

換句話說，**大盤指數的設計本身就是一種汰弱留強的機制**，長期而言，好公司會隨著市值規模的增加，而提升在 ETF 中持股的比重。相反地，衰退的公司在 ETF 中的影響也會逐漸式微，甚至被淘汰。

所以我都跟孩子們說，買大盤型 ETF 就等於是一口氣買進美國 500 家（或台灣 50 家）最強的公司，以後向別人自我介紹時，也多了一個帥氣的頭銜：「我是美國 500（台灣 50）大企

業的股東」！

　　或許讀者們會感到好奇，為什麼我特別介紹美國的 ETF 呢？因為從全球的觀點來看，2023 年美國股市的市值規模是全球第一（約 46 兆美元，占全球股市約 40%），而且具有百年以上的悠久歷史資料可供研究。

　　有些讀者可能會擔心未來國際局勢的消長，如果有這樣的考量，也可以選擇全球型的 ETF（例如 Vanguard、iShares MSCI 全世界 ETF）來代替，這種做法代表的意思是，儘管目前仍是美國獨強，萬一未來真有其他強國崛起取而代之，全球型的 ETF 同樣具有汰弱留強的功能，所以投資人不必擔心此消彼長的問題。

　　簡單地說，投資全球型 ETF 就是看好全球經濟的長期前景，對一般投資人而言更是一個便利的選擇。

　　說到這裡，請容我岔個題，「貧富差距」日益擴大是許多中產階級或基層工作者共同的夢魘，雖然各國政府千方百計試圖防止貧富差距惡化，但至今全球還沒看到有效的對策。

　　以我個人的淺見，「打不過就加入」或許也不失為一個合理的選擇，不是每個人都能進入 Apple、Google、台積電這種世界頂尖的一流公司工作，所以我常鼓勵我的孩子：「就算從事一般的工作也沒關係，只要對工作有熱忱，同時一邊投資大盤型

ETF，還是可以間接成為這些績優企業的股東，參與公司的發展，享受經濟成長的果實。」

親子互動學理財

大盤型 ETF 的特色與優點

　　最後再來總複習一下，讓我們把大盤型 ETF 的特色與優點彙整如下：

❶ 直接在交易所買賣，手續費較低。

❷ 被動管理複製指數，管理費較低。

❸ 成分股定期汰弱留強，避免單一公司（國家）風險。

❹ 投資人省下挑選個股、基金的時間與心力。

❺ 績效永遠都「及格」，長期晉升投資績優生。

了解風險
避免知識不足的傷害

雖然長期來看，投資大盤型 ETF 的績效可以贏過絕大多數的人，但是在投資過程中，市場會隨著經濟狀況、戰爭或疫情等各種原因而有漲跌的變化，當下跌的時候，就會讓我們的資產縮水。此外，股票或是基金投資人，也可能因為選錯標的而賠錢，這些造成虧損的狀況都是我們在投資過程中可能會面臨的風險。

理財的目的是希望最終達到財務自由，當然不希望資產縮水，因此在這一章節，讓我們一起來看看投資有哪些風險。

💲 無知是投資人的最大風險

我們在第 4 課曾談到，投資不一定都會賺錢，主要的關鍵就在於投資人的腦袋，如果具備正確的知識與足夠的經驗，投資賺

錢的機會就會大幅增加，反之則充滿賠錢的風險。

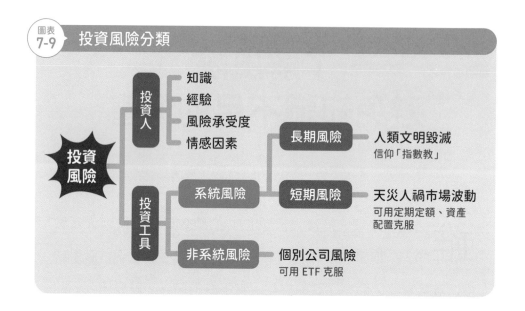

圖表 7-9　投資風險分類

投資風險

投資人
- 知識
- 經驗
- 風險承受度
- 情感因素

投資工具
- 系統風險
  - 長期風險 → 人類文明毀滅　信仰「指數教」
  - 短期風險 → 天災人禍市場波動　可用定期定額、資產配置克服
- 非系統風險 → 個別公司風險　可用 ETF 克服

換句話說，**投資最大的風險其實是無知**，對於投資內容不了解、不知道自己在做什麼，以及無法承擔後果為自己的行為負責等等，這都是屬於投資人本身的風險。

⑤ 投資工具的風險

至於投資工具的風險，一般可以分為「系統」與「非系統」兩大類，前者是指整體市場的風險，例如疫情造成經濟衰退，整個股市都會受到影響，無法透過分散投資的方式降低風險。

後者則是指投資特定公司所面臨的風險，例如某一家公司發生營運周轉不靈宣告破產，那麼只有該公司的投資人會受到損失，但是對整體股市的影響通常是相對有限的，這種非系統風險就可以透過分散投資來降低。上一節介紹的 ETF 就是一個克服非系統風險的有效工具。

至於系統風險的部分，我認為可以進一步從長期和短期的角度來討論。所謂的長期風險，我常在課堂上引用電影《復仇者聯盟》的劇照，雖然外星人入侵地球只是杜撰的劇情，但真的有人能保證未來不會發生類似的情境嗎？當然，我們都不希望面臨這樣的災難，也希望如果那天真的到來時，人類已經發展出足以保護自己的高科技。

換句話說，投資最大的長期系統風險，就是人類文明因為某個重大的天災人禍而毀滅或難以修復（以歷史表現來看，股票長期趨勢是上漲的，詳細說明見下一章節）。當然了，在那樣的情境下，投資已經不是重點，保護生命的安全才是第一要務。

撇開這個極端案例不談，投資人最常面對的還是短期系統風險，**也就是由各種天災人禍所引發的市場波動，造成股價下跌的風險**。舉例來說，圖表 7-10 的「道瓊工業指數」是美國歷史最悠久的股價指數，由 30 家最具代表性的龍頭企業所編制而成，包括微軟、麥當勞、嬌生、蘋果、3M、NIKE、迪士尼等知名公司。

圖表 7-10 2019 ～ 2022 年道瓊工業指數走勢

2020 年新冠肺炎疫情爆發，
股市在短時間內大跌。

資料來源：CMoney 法人投資決策系統

　　在 2019 年時，該指數上漲了將近 22%，然而在 2020 年初疫情爆發的短短 2 個月內，它的最大跌幅卻高達 38%，也就是萬一我們很「幸運」地在當時股價的最高點進場投資 100 元，那麼很快地在 2 個月內，帳面價值就只剩下 62 元左右，正是因為這樣的劇烈波動，讓很多人把「投資」視為畏途。

　　畢竟，投資不像把錢存在銀行，每年都可以穩定地領取利息，而是必須面對股價因為各種外在因素所造成的上下起伏。**幸運的是，短期的系統風險是可修復的，只要擁有足夠的時間，造成的損失也是有限的**。所以我總是不厭其煩地強調，投資 ETF 的複利效果是建立在長期投資（例如 10 年以上）的累積成果之上，千萬不要因為 1、2 年的短期波動就驟下結論。

　　那麼，面對投資 ETF 的長期、短期風險，我們應該如何因應呢？我的答案是信仰「指數教」，加上「定期定額」投資法與「資產配置」，細節我們下一章節再來探討。

百年歷史佐證
歡迎加入「指數教」

要如何面對長期系統風險呢？我認為必須依賴「信仰」。是的，你沒看錯，正是「信仰」！我常半開玩笑地跟朋友說，我皈依了「指數教」，我是一個「指數教」傳教士。

這個「指數」指的當然就是股市的大盤指數，但為什麼說要信仰「指數教」呢，因為我認為從某個角度來說，投資 ETF 其實就像是一種宗教信仰。

$ 大盤指數隨時間長期上漲

圖表 7-11 是涵蓋了自 1897 年以來 120 多年的道瓊工業指數走勢，其中標示的位置是幾個大家比較耳熟能詳的重大歷史事件，從左至右分別是：

① 1917 年，一次世界大戰、西班牙大流感，指數最大跌幅

高達 40.1%。

　　② 1929 年，經濟大蕭條，這是有紀錄以來最嚴重的經濟衰退，股市下跌蔓延 3 年之久，指數最大跌幅高達 89.5%。

　　③ 1940 年代，二次世界大戰，指數最大跌幅約 41.4%。

　　④ 1970 年代，石油危機，指數最大跌幅約 46.5%。

　　⑤ 2000 年，網路泡沫，指數最大跌幅約 38.7%（同時間科技股那斯達克指數最大跌幅約 78.4%）。

　　⑥ 2008 年，金融海嘯，指數最大跌幅約 54.4%。

　　⑦ 2020 年，新冠病毒疫情爆發，指數最大跌幅約 38.4%。

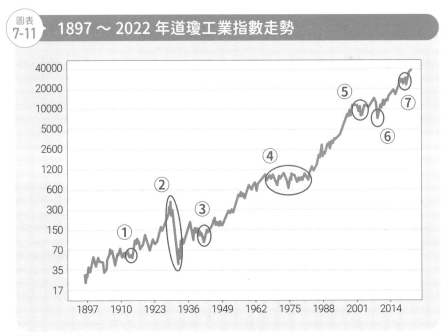

圖表 7-11　1897 ～ 2022 年道瓊工業指數走勢

資料來源：TradingView

以上只是列舉幾個比較具有代表性的歷史事件，以新冠病毒疫情為例，在 2020 年疫情爆發初期，全球主要股市都重挫了大約 30%～40% 不等，但就時間的角度來說，股市居然只跌了 2、3 個月就觸底反彈，接著屢屢創下歷史新高。

疫情對現實生活雖然造成 2、3 年的影響，然而對股市造成的波動竟然就像 1 根小圖釘一樣，彷彿在市場上輕輕刺一下就結束了，好像什麼都沒發生過一樣，實在令人匪夷所思。

回顧歷史，過去 120 多年來，全球經歷過大大小小不同規模的天災人禍，也讓股市或多或少出現下跌，每次事件發生的當下，都令人震撼不已且印象深刻，但現在回頭看，百年歷史的長河中，**每次股市下跌其實都是相對短暫的，長期的趨勢卻很明顯，就是一路持續上漲、上漲、上漲**……所以「指數教」的信仰就是堅定地相信大盤指數會隨著時間長期不斷地向上成長。

$ 別在股市修正時錯失財富

為什麼會這樣？我認為這和人類文明與科技的發展有重要關聯。以現在人手一機的智慧手機來說好了，蘋果的第一代 iPhone 在 2007 年問市，距今不過是 10 多年前的事，所以對於目前 10 幾歲的孩子們來說，這是生活中原本就存在的一部分。但我第一次擁有手機，卻是在 20 多年前剛上大學的時候，而且

那時的手機還只有單純的通話功能而已。

再以現在最熱門的電動車為例，大概很少人會否認這是未來的科技趨勢，隨著 AI 人工智慧的演進，或許在我有生之年真能看到車輛自動駕駛普及化的一天，甚至下一步是飛上天？還是上太空？誰知道呢？

按照科技發展的速度，未來會不會有新公司取代蘋果公司的科技霸主地位呢？我認為可能性是很高的，只是我們不知道什麼時候會發生，但也不必擔心，因為指數本身就是一種汰弱留強的機制，如果有一天蘋果公司不再那麼強大，在指數中的比重就會自動逐漸遞減，擁有新技術的新公司也會被納入指數，並帶動指數持續成長。

這就是「指數教」的信仰核心，用一種樂觀的態度，堅信人類的科技與文明會不斷地進步，就算遭遇各種天災人禍也要抱持信心堅持下去，唯有如此，才能享受到投資成長的果實。

不過這說起來容易，執行起來卻不簡單，所以每次股市下跌時，我都戲稱為「考驗信仰的時刻」，我從很多朋友的經驗分享看到，**很多人都是在股市修正時，驚慌失措地賣出持股，信仰不夠堅定的結果就是錯失後來重新上漲的行情**，令人扼腕。

其實，我認為每一種投資工具，都隱含著一種核心信仰，好比房地產投資者通常堅信房價會長期上漲；而加密貨幣的愛好者

通常也堅信加密貨幣是未來的趨勢。雖然我們無法保證未來究竟會如何發展，不過對人類文明長期發展的樂觀心態，就是我們「指數教」的信仰，也是克服長期風險的最佳態度。

$ 定期定額可分散短期風險

其次，關於股價波動的短期風險，則是可以透過「定期定額」的被動投資法和「資產配置」克服。

所謂的「定期定額」就是在固定的時間投資固定的金額，例如每個月 1 號固定投資 1,000 元就是一個常見的方法，透過這種方式，就可以不用擔心股價的短期波動風險，因為就算「幸運」買在短期的高點，但由於投入的只是一部分的金額，**只要持續投資，就可以將整體的平均投資成本逐步降低。**

例如說，相較於單筆投資在股價 100 元，如果改以「定期定額」的方式分別買在 100、80、60 元，那麼平均成本就會降低為 80 元，比原本單筆投入的 100 元還低了 20%。

只要信仰堅定，相信長期股價走勢向上，就不用太在意短期的「套牢」，甚至反而應該趁著市場下跌時，跌越多、買越多（俗稱「不定期不定額」投資法）。尤其是年輕朋友們，因為複利的時間還很長，只要未來股價再創新高，肯定可以滿載而歸，所以「定期定額」是一個簡單又實用的投資方法。

常有同學問我，投資 ETF 會不會賠錢？我的答案是，如果你只把眼光放在短期的 1、2 年以內的話，賠錢的機率很高；但如果可以著眼於 10 年、20 年，甚至 50 年後的長期投資，我相信成果將會是豐盛的。

不過，也有人擔心逢低加碼會不會變成「越攤越平」，最後長期套牢？**我認為這個方法本身沒有問題，關鍵在於投資標的的選擇**，如果投資的是價格走勢長期向上的標的，例如圖表 7-11 的道瓊指數，顯然不必擔心這個問題。

相反地，如果投資標的缺乏「信眾」支持導致價格走勢長期向下，那麼定期定額的結果當然就會變成越攤越平了。這也是我一再強調必須選擇大盤型 ETF 作為主要投資工具的理由之一。

但是如果我們定期定額累積了大半輩子的投資，卻在即將（或已經）邁入退休階段時遭遇股市大跌呢？在年輕累積資產的階段下跌，可以享受逢低買進的優勢，但如果是在年老提領資產的階段下跌，風險就相對提高了，這就是所謂的「報酬順序風險」，關於這個問題，可以透過「資產配置」的方法降低風險，這會在第 9 課進一步討論。

在這一課，我們以巴菲特的故事作為起點，分別介紹了保險、股票、基金和 ETF 等工具，也談到了投資可能面對的風險。**其中大盤型 ETF 因為它的特色與優點，被我視為一種適合親子**

共同學習的入門投資工具。在下一課,將進一步討論如何運用這個投資工具,幫助我們在現實生活中「破關」。

圖表 7-12 常見的大盤型 ETF

投資區域	ETF 代碼	ETF 名稱
全球	VT	Vanguard 全世界股票 ETF
	ACWI	iShares MSCI 全世界 ETF
美國	VOO	Vanguard S&P 500 指數 ETF
	SPY	SPDR S&P 500 指數 ETF
	00646	元大 S&P 500 指數 ETF
美國科技股	QQQ	Invesco NASDAQ 100 指數 ETF
	00662	富邦 NASDAQ 指數 ETF
台灣	0050	元大台灣 50 指數 ETF
	006208	富邦台灣采吉 50 指數 ETF

親子理財小對話

　　讀完本章後，請在 3 天內和孩子約定 1 次或數次 30 分鐘以上的空閒時間，找一個安靜舒適的環境，一起討論以下問題：

❶ 保險是投資工具嗎？保險的精神是「花大錢，買小保障」對嗎？

❷ 什麼是股票？成為公司股東有什麼優缺點？

❸ 什麼是債券？成為公司債權人有什麼優缺點？

❹ 什麼是基金？判斷基金經理人是否「及格」的標準是什麼？

❺ 什麼是 ETF 指數基金？有哪些優點或特色？

❻ 請寫出全球、美國、台灣的大盤型 ETF 各一檔。

❼ 什麼是風險？投資有哪些風險？可以如何克服？

❽ 什麼是「定期定額」投資法，有什麼優點？

投資篇

PART 2

- 第 **8** 課 -

\ 和孩子談金雞計畫 /

讓錢不再是
人生痛點

你們聽過「下金蛋的雞」這個故事嗎？有一位農夫，擁有一隻神奇的金雞，每天會下 1 顆金蛋，農夫把金蛋拿到市場上賣錢，收入漸漸有了起色。不過農夫並不因此滿足，他異想天開地以為金雞的肚子裡藏了很多金蛋，如果把金蛋都拿去賣錢，就可以發大財！於是農夫把雞殺了想要取卵，結果當然大失所望，金雞的肚子裡 1 顆金蛋也沒有，農夫還因此賠上了金雞母。

如果你們是農夫，你們會怎麼做呢？

把金蛋拿去孵看看能不能孵出小雞！

答對了！如果農夫懂得投資，那他應該嘗試孵金蛋，假如成功孵出小金雞，長大後 2 隻金雞 1 天就有 2 顆金蛋、4 隻金雞 1 天就有 4 顆金蛋……依此類推，雞生蛋、蛋生雞，這就是「複利」的概念，這樣一來，農夫一定會發大財！

　　讓錢滾錢、利滾利，就像雞生蛋、蛋生雞一樣，這就是「金雞計畫」命名的由來。接下來，就讓我們一起學習如何當一個聰明的農夫，幫自己養 1 隻下金蛋的金雞母吧！

每天 66 元
打造退休金雞母

　　上一節我們認識了「定期定額＋ETF」這個簡單又實用的投資方法，金雞計畫就是一個協助孩子用壓歲錢（或零用錢）定期定額投資 ETF、幫自己養一隻金雞的計畫。

　　2019 年暑假，當時我的 2 個孩子分別是 8 歲和 5 歲，我對他們提出了一個長期投資的邀約，希望他們把每年收到的壓歲錢大部分存下來，並分成 12 等份，每個月定期定額投資 ETF，幫自己養 1 隻下金蛋的金雞母，一直持續到 18 歲成年，再交給他們自己管理。就這樣，我們開啟了一場預計為期 10 年的長期投資實驗。

　　我的孩子每年投資的金額，大約是 12,000 ～ 24,000 元不等，換算下來相當於每月 1,000 ～ 2,000 元，或每天 33 ～ 66 元，也就是大約買 1 杯飲料、1 個便當、1 塊雞排或 1 顆玩具扭蛋的金額。

千萬別小看了這樣的小金額，因為只要從小開始，持之以恆地投資累積複利，小錢其實也能養出大金雞！不信？就讓我們一起來算算看吧！

$ 用沒有壓力的金額開始存退休金

說到金雞，因為我自己很喜歡雞排這項國民美食，有許多學生也是，所以我在課堂上常以 66 元的雞排為例來討論（因為通膨的關係，現在雞排的售價已經高達 80、90 元了，當然，你也可以用其他價格相近的東西和孩子討論，例如 1 杯飲料、1 包寶可夢卡）。

如果我們選擇不吃雞排而把錢存起來，每天 66 元存 18 年會有多少？答案是 66 元 ×365 天 ×18 年＝ 43 萬 3,620 元。

假如爸媽們從孩子出生起就每天少吃 1 塊雞排，把 66 元存起來投資養 1 隻「金雞」，每年用 24,090 元（66 元 ×365 天）投資在年化複利率 10% 的工具上，那麼當孩子 18 歲成年之際，很可能 100 萬元的教育基金就有著落了！如圖表 8-1 的金雞規模「第 17 年」所示。

圖表 8-1 是理想的複利概念試算，實際投資 ETF 時會因價格波動而產生偏離，請讀者留意。另外，實務上「定期定額」的投資頻率通常是每月 1 次，為了方便理解，本表以每年 1 次試算。　　▶

圖表
8-1 **金雞計畫試算表**

年度	金雞規模	複利 10%	每月金蛋	年度	金雞規模	複利 10%	每月金蛋
0	24,090	2,409	60	33	5,913,534	591,353	9,045
1	50,589	5,059	125	34	6,528,977	652,898	9,839
2	79,738	7,974	193	35	7,205,965	720,596	10,698
3	111,802	11,180	267	36	7,950,651	795,065	11,630
4	147,072	14,707	346	37	8,769,806	876,981	12,638
5	185,869	18,587	431	38	9,670,877	967,088	13,731
6	228,546	22,855	523	39	10,662,055	1,066,205	14,914
7	275,491	27,549	621	40	11,752,350	1,175,235	16,197
8	327,130	32,713	726	41	12,951,675	1,295,168	17,586
9	383,933	38,393	839	42	14,270,933	1,427,093	19,091
10	446,416	44,642	962	43	15,722,116	1,572,212	20,721
11	515,147	51,515	1,093	44	17,318,418	1,731,842	22,488
12	590,752	59,075	1,235	45	19,074,349	1,907,435	24,402
13	673,917	67,392	1,388	46	21,005,874	2,100,587	26,475
14	765,399	76,540	1,553	47	23,130,552	2,313,055	28,722
15	866,029	86,603	1,732	48	25,467,697	2,546,770	31,157
16	976,722	97,672	1,924	49	28,038,556	2,803,856	33,796
17	1,098,484	109,848	2,132	50	30,866,502	3,086,650	36,654
18	1,232,422	123,242	2,357	51	33,977,242	3,397,724	39,752
19	1,379,755	137,975	2,599	52	37,399,057	3,739,906	43,109
20	1,541,820	154,182	2,862	53	41,163,052	4,116,305	46,746
21	1,720,092	172,009	3,146	54	45,303,447	4,530,345	50,688
22	1,916,191	191,619	3,452	55	49,857,882	4,985,788	54,959
23	2,131,901	213,190	3,784	56	54,867,760	5,486,776	59,588
24	2,369,181	236,918	4,143	57	60,378,626	6,037,863	64,604
25	2,630,189	263,019	4,532	58	66,440,579	6,644,058	70,039
26	2,917,298	291,730	4,952	59	73,108,727	7,310,873	75,930
27	3,233,117	323,312	5,407	60	80,443,690	8,044,369	82,313
28	3,580,519	358,052	5,900	61	88,512,149	8,851,215	89,231
29	3,962,661	396,266	6,433	62	97,387,453	9,738,745	96,727
30	4,383,017	438,302	7,010	63	107,150,289	10,715,029	104,851
31	4,845,409	484,541	7,635	64	117,889,408	11,788,941	113,655
32	5,354,040	535,404	8,312	65	129,702,438	12,970,244	123,196

說明：未計入稅賦與交易成本

　　而且如果孩子成年後仍持之以恆地執行，那麼當孩子屆滿 65 歲退休年齡時，幸運的話，這隻「金雞母」不僅有機會成長到約 1.29 億元的規模，而且每個月提領 3% 當生活花費的話，領到的「金蛋」價值估計更超過 12 萬元（經通膨調整），可以安心享受退休生活！

　　章節 3-4 討論過通貨膨脹，未來的 1 萬元比起現在的 1 萬元，能買到的東西會更少，「通膨調整」的目的，就是將未來的金額換算成相當於目前的價值。

　　根據統計，2021 年台北市每月人均消費支出約為 32,305 元，我以此作為「破關（財務自由）」的參考基準，所以每月提領 12 萬元的「金蛋」應該遠超過平均消費的水平。

　　事實上，按照圖表 8-1 的試算，若現在開始執行，不增加投資金額，且通膨維持歷史水平的話，理論上大約在 49 年後就有機會實現月領 3.2 萬元以上「金蛋」的目標。而且這還不算成年後加碼投入的部分喔！如果孩子從 25 歲開始每月提高投資額為 5 倍（約 1 萬元），那麼「金雞母」更有機會上看 1.8 億元！

　　哇！複利的威力是不是很驚人呢？

$ 看懂金雞計畫核心原理

　　坦白說，坊間已經有很多討論定期定額投資的書籍或教材，

然而就我所知，卻很少有人提及執行的結果究竟會如何？這正是本書的重點所在！接著讓我來進一步說明怎麼看懂圖表 8-1 的欄位。

①金雞規模

就是每年投資 24,090 元（66 元 ×365 天），加上前一年累積的規模與複利加總的金額。例如第 1 年的 50,589 元，就是第 0 年的 24,090 元，加上第 0 年的複利利息 2,409 元，再加上第 1 年投資的 24,090 元，依此類推。

②複利 10%

根據維基百科的記載，美國 S&P 500 指數自 1926 年設立以來的年化複利率大約是 9.8%（包括股利再投資）；而台灣最知名的台灣 50 ETF（代號 0050），從 2003 年上市以來定期定額投資至 2023 年的年化複利率也差不多是 10%（包括股利再投資），**所以這個複利率並不是我憑空杜撰的，而是根據真實歷史數據所做的估計**，當然，歷史績效並不能保證未來績效，可能更差，也可能更好。

由圖表 8-2 可以看出，美股的大盤指數和企業獲利亦步亦趨，呈現高度正相關（同步上漲或下跌），所以指數的長期走勢確實可以反映企業獲利的基本面變化。如同第 7 課所討論的，由於科技進步推動企業成長，帶動股價長期上漲，這就是「指數

教」信仰的具體呈現。

圖表 8-2　**美國 S&P 500 指數及 500 大公司獲利表現**

—— 500 大公司獲利（左）
—— S&P 500 指數原始值（右）

資料來源：stock-ai

　　不過必須強調的是，**10% 年化複利率是指經過一段相當長期（例如 10 年以上）投資累積的報酬率**。在 10 年間，股價會面臨各種大小不等的短期波動，例如前一年下跌 10%，第二年卻又上漲 20%……這也是為什麼我一再強調長期投資的重要，畢竟，投資 ETF 並不像銀行定存，每年都可以獲得穩定的利息，這是必須特別提醒讀者留意的地方。

　　因此，這個試算表所呈現的只是一個邏輯上的參考數字，並不是精準的計算。畢竟投資 ETF 經常會面臨短期的劇烈波動，所以圖表 8-1 只能作為長期的預估參考，例如 65 歲的金雞規模，很可能隨著股市的波動而提前或延後幾年發生，例如在 62 歲或

68 歲。

此外，試算並未計入稅賦與交易成本，所以實際的結果應該會低於表列數字，也請讀者留意。

③每月金蛋

金雞計畫的最終目的，是希望可以讓我們退休後不用為財務煩惱，也就是退休後可以從累積的金雞規模中提領現金花用，「每月金蛋」代表每個月可以領到的約當金額，計算方式是「當年度金雞規模×3%」作為年度支出預算，再除以 12 個月，並經過通膨調整。至於為什麼是 3%，後面會解釋。

通膨調整依據是採用 1980 ～ 2020 年，共 40 年的台灣核心消費者物價指數年化複利成長率進行估計，大約是 1.5% 左右。當然如果未來的通膨發展偏離歷史經驗太多，那麼估算的結果也勢必有所不同。

⑤ 退休金花不完的「4% 法則」

所謂的「4% 法則」是根據美國財務顧問威廉本根（William Bengen）在 1994 年提出，以及 3 位大學教授在 1998 年發表的「Trinity Study」研究結果而來。

該研究指出，一個以美國證券（包括股票與債券）為主的投資組合，長期而言平均每年能夠產生超過 4% 的收益，**因此若每**

年從中提領 4%，有很高的機率可以持續提領超過 30 年仍有餘裕，也就是足以支應大約 60 ～ 90 歲的退休生活，所以通常被引用為一個安全的提領率。

換句話說，假設預估退休後每年的生活開銷需要 40 萬元，那麼準備 25 倍（1,000 萬元）的退休金並持續配置在股市和債市，每年從中提領 4%（40 萬元），「很可能」可以提領 30 年都還領不完。

而 3% 的金蛋，是比「4% 法則」更保守的規劃，因為如同章節 5-1 的討論，由於未來人類的平均壽命可能持續提高，退休生活可能長達 40 年以上，所以我選用更保守的 3% 作為提領金蛋的比例，並維持 50% 以上的持股比例，有可能延長這個計畫的實用年限到 60 年（圖表 8-3）。

由此可知，金雞計畫並非到了退休年齡就把 ETF 全數變賣不再投資，因為通膨仍會持續增長，所以在退休後維持一定比例的持股仍是必要的配置。只不過為了避免股市大幅波動對退休金造成影響，可以將部分資金轉投入相對具有「避險」效果的工具，例如公債，以降低熊市來襲時的衝擊，這就是所謂的「資產配置」（請參閱第 9 課）。因此，管理投資組合可以說是投資人一輩子的功課。

不過對於孩子而言，因為具有相對較長的時間可以複利，風

圖表 8-3　在不同情境下的提領成功率　　單位：%

持股比例	提領年數	初始投資組合的提領率，而後依消費者物價指數調整。								
		3%	3.25%	3.5%	3.75%	4%	4.25%	4.5%	4.75%	5%
100% 股票	30 年	100	100	100	99	97	94	91	86	82
	40 年	100	100	99	97	93	88	84	80	76
	50 年	100	100	99	95	92	85	81	77	73
	60 年	100	99	98	94	89	84	80	75	70
75% 股票	30 年	100	100	100	100	99	95	90	84	80
	40 年	100	100	100	98	93	86	82	76	69
	50 年	100	100	99	94	88	82	76	69	62
	60 年	100	100	97	92	85	80	71	65	58
50% 股票	30 年	100	100	100	100	95	91	85	77	70
	40 年	100	100	98	93	86	76	65	59	51
	50 年	100	98	93	85	74	63	55	46	41
	60 年	100	96	89	79	65	57	48	42	36
25% 股票	30 年	100	100	98	90	80	70	63	57	51
	40 年	97	89	77	64	55	47	37	34	32
	50 年	85	75	62	51	40	34	31	29	23
	60 年	78	65	51	39	33	31	27	21	17
0% 股票	30 年	89	80	68	61	54	50	45	40	34
	40 年	64	56	47	39	33	29	24	21	18
	50 年	50	39	31	27	23	19	14	12	9
	60 年	35	30	25	22	16	12	9	7	7

資料來源：https://earlyretirementnow.com/，研究範圍：1871 ～ 2015 年。
說明：如果你對安全提領率這個主題感興趣，歡迎瀏覽「Early Retirement Now」網站，作者發表了一系列深入的研究，也提醒讀者，相關研究皆以歷史資料為基礎，不代表未來絕對適用。

險承受度較高，**年輕時將全部資金都投資在股市追求成長即可。**

　　順帶一提，台灣股市發放現金股利的殖利率比美國股市高，

例如台灣 50 ETF 從 2005 年到 2022 年的平均股息殖利率和中

位數大約介於 3.3% ～ 3.5% 左右，換句話說，台股投資人在不考慮稅賦與交易成本的情況下，確實很有可能光靠每年股利的金蛋就足以支應生活開銷所需，而不必動用到長年累積養成的金雞母（本金）。至於美股投資人，雖然股息殖利率較低，不過還是可以透過變賣部分持股就能達成提領金蛋的目標。

$ 時間是孩子最富有的資產

歸納本節的討論，投資複利有 3 個關鍵，第一是本金，第二是報酬率，第三是時間，而孩子們最富有的資產就是時間，只要一點小錢，持之以恆地執行，不需要成為投資專家，隨著時間的累積，就有機會幫自己實現財務目標，複利就是這麼神奇！所以我總是不厭其煩地鼓勵家長老師們：**和孩子討論退休規劃絕不嫌早！**

不知道你有沒有從圖表 8-1 留意到，每晚 10 年開始執行，金雞規模就打 4 折以上，例如第 55 年的金雞規模（約 4,900 萬元）比起第 65 年（約 1.29 億元）就少了超過 60%！換句話說，**每晚 10 年開始，就必須增加 2.5 倍以上的投資金額，才有機會累積到同樣的規模！**

我曾遇過不少大學生或社會新鮮人表示「等有閒錢再開始投資」，殊不知每晚 10 年開始，所流失的時間紅利與追趕難度遠

超過想像，所以我總是提醒學生們，不要再等待了！還記得章節 5-3 的提醒嗎？先投資自己！那怕每天只有 5 元、10 元也好，都要及早開始投資，讓複利的金雞從現在就開始累積！

說到這裡，請讓我再補充一個例子，我知道不少家長和老師，都期望孩子考好成績、上好學校、找好工作……根據媒體統計，台北市的家長平均每個月花在孩子的補習、才藝支出等費用，大約是 1 萬元左右，如果從小學到高中畢業，總計 12 年的花費大約是 144 萬元。

假設有位家長決定不幫孩子補習，而是把這筆錢拿來投資，按照上述的邏輯估算，猜猜看孩子到 65 歲的金雞規模可能會有多大？答案是逼近 2 億 5 千萬元！原來補習的機會成本這麼高！

我真心覺得每個孩子都是身價千萬以上的大富翁！爸爸媽媽們選擇投資孩子的學習，都是希望孩子們未來有更好的成就，我常常藉此提醒學生們，「千萬」要好好珍惜與感謝爸媽對我們的投資！同時，我也常問家長們，如果孩子願意投資自己，幫自己養 1 隻能夠源源不絕下金蛋的金雞母，爸媽們是否願意支持孩子參與「金雞計畫」呢？

如果及早開始按部就班儲蓄與投資，退休就不會是孩子人生痛點的話，我們的教育方針是否可以有些不一樣的思維呢？關於這個問題，我沒有標準答案，但我衷心地期盼，透過理財教育讓

更多孩子可以無須擔憂未來，並能更勇敢地探索內心真正的熱情所在，也很期待聽聽各位的想法。

最後，金雞計畫的試算表可以透過掃瞄 QR Code 下載，歡迎大家分享使用。

掃瞄 QR Code，下載「金雞計畫」試算表。

8-2

進階版退休計畫
金雞樂透以小博大

「去找吧，我把所有財寶都放在那裡了！」這是日本漫畫《航海王》（One Piece）的經典台詞，開啟了主角們一連串的尋寶冒險故事。我也想對我的孩子們說：「我也把畢生心血結晶的『金雞樂透』放在那裡了，去找吧！這就是我的 ONE PIECE 大寶藏！」

什麼是「金雞樂透」？相信大部分成年讀者都有買彩券的經驗，希望以小搏大，期待有朝一日獲得億萬頭彩，一夕致富翻轉人生！不過我們都知道，實際上「槓龜」吃「歸零膏」才是最常見的結果。

在我們的金雞計畫裡，也有一種進階的投資工具，有著和樂透彩券相似的結果：「中獎或歸零」，所以我把它戲稱為「金雞樂透」。

⑤ 用可接受的損失「試手氣」

圖表 8-4 是金雞樂透的試算表，和圖表 8-1 的主要差別在於複利率加倍為 20%，但只用原本金雞計畫年投資額的十分之一來加碼金雞樂透。

也就是說，如果原本 1 年的投資預算是 24,090 元（約每天66 元），可以考慮額外投資 2,409 元（約每天 6.6 元）加碼金雞樂透，用相對較少的金額控制虧損的風險，來換取「中獎」的機會，這也是一種以小搏大的策略。

如果爸媽在孩子出生時，每年額外加碼 2,409 元（相當於每月投注 2 張威力彩）投資金雞樂透，在 20% 的複利率之下，如果沒有任何意外導致獎金「歸零」的話，當 65 年後孩子屆滿退休年齡時，這筆獎金將「有機會」累積到高達 20 億元的規模！就像幸運中了頭獎一樣！不過，這真的需要非常非常非常幸運！

究竟是什麼投資工具擁有如此龐大的威力呢？說穿了，金雞樂透就是圖表 7-5 提及的槓桿型 ETF，而槓桿就是章節 3-2 談到的借錢或融資，只不過槓桿型 ETF 是透過「期貨」這種「衍生金融商品」的保證金交易制度來提高槓桿，放大投資標的的波動

圖表 8-4 是理想的複利概念試算，實際投資 ETF 時會因價格大幅波動而產生偏離，請讀者留意。另外，實務上「定期定額」的投資頻率通常是每月 1 次，為了方便理解，本表以每年 1 次試算。

金雞樂透試算表

年度	金雞樂透	複利 20%	每月金蛋	年度	金雞樂透	複利 20%	每月金蛋
0	2,409	482	6	33	5,916,787	1,183,357	9,050
1	5,300	1,060	13	34	7,102,554	1,420,511	10,703
2	8,769	1,754	21	35	8,525,474	1,705,095	12,657
3	12,932	2,586	31	36	10,232,977	2,046,595	14,968
4	17,927	3,585	42	37	12,281,982	2,456,396	17,700
5	23,921	4,784	56	38	14,740,787	2,948,157	20,929
6	31,114	6,223	71	39	17,691,354	3,538,271	24,747
7	39,746	7,949	90	40	21,232,033	4,246,407	29,261
8	50,105	10,021	111	41	25,480,849	5,096,170	34,598
9	62,534	12,507	137	42	30,579,428	6,115,886	40,907
10	77,450	15,490	167	43	36,697,722	7,339,544	48,366
11	95,349	19,070	202	44	44,039,676	8,807,935	57,184
12	116,828	23,366	244	45	52,850,020	10,570,004	67,610
13	142,603	28,521	294	46	63,422,433	12,684,487	79,936
14	173,533	34,707	352	47	76,109,328	15,221,866	94,509
15	210,648	42,130	421	48	91,333,603	18,266,721	111,738
16	255,187	51,037	503	49	109,602,733	21,920,547	132,107
17	308,633	61,727	599	50	131,525,688	26,305,138	156,188
18	372,769	74,554	713	51	157,833,235	31,566,647	184,659
19	449,731	89,946	847	52	189,402,291	37,880,458	218,319
20	542,087	108,417	1,006	53	227,285,158	45,457,032	258,114
21	652,913	130,583	1,194	54	272,744,598	54,548,920	305,162
22	785,905	157,181	1,416	55	327,295,927	65,459,185	360,785
23	945,495	189,099	1,678	56	392,757,521	78,551,504	426,546
24	1,137,002	227,400	1,988	57	471,311,434	94,262,287	504,294
25	1,366,812	273,362	2,355	58	565,576,130	113,115,226	596,212
26	1,642,583	328,517	2,788	59	678,693,765	135,738,753	704,884
27	1,973,509	394,702	3,301	60	814,434,927	162,886,985	833,362
28	2,370,620	474,124	3,906	61	977,324,322	195,464,864	985,258
29	2,847,153	569,431	4,622	62	1,172,791,595	234,558,319	1,164,840
30	3,418,992	683,798	5,468	63	1,407,352,323	281,470,465	1,377,153
31	4,105,200	821,040	6,469	64	1,688,825,197	337,765,039	1,628,163
32	4,928,649	985,730	7,652	65	2,026,592,646	405,318,529	1,924,925

說明：未計入稅賦與交易成本

程度，所以不需要真的向銀行借錢就能執行。

> **Tips** 認識保證金交易制度
>
> 以台灣加權股價指數期貨（台指期）為例，期貨合約價值為每點
> 200 元，也就是當指數為 16,000 點時，則一口（單位）期貨合約
> 價值為 320 萬元。而期貨交易是採用保證金制度，以現行（2023
> 年）規定，交易人只要準備 16.7 萬元保證金就能交易一口價值
> 320 萬元的期貨合約，槓桿倍數高達 19 倍以上（320÷16.7）！不
> 過如果用 160 萬元交易一口期貨合約，槓桿倍數就降為 2 倍，這就
> 是槓桿型 ETF 的運作原理。

　　舉例來說，台灣 50「正 2」ETF 就是運用指數期貨的槓桿
效果，將 ETF 的波動程度放大為貼近台灣 50「本尊」的「當日」
2 倍漲跌幅。換句話說，當「本尊」ETF 上漲或下跌 1% 時，理
論上當天「正 2」ETF 應該會跟著上漲或下跌 2%（參閱附錄 3）。

　　金雞計畫是透過長期投資大盤型 ETF 期望獲得「及格」的
年化報酬率，而金雞樂透則是透過小額加碼槓桿型 ETF，期望進
一步提升投資績效。

　　什麼！開槓桿？會不會很危險啊？的確，水可載舟、亦可覆
舟，財務槓桿有如一把雙面刃，雖然獲利可能加倍，但隨之而來
的波動風險也跟著增加，甚至在發生全球嚴重的股災時，在槓桿

效果之下，金雞樂透的確很可能面臨「歸零」的下場。

所以我要特別強調，**只用原本投資金額的十分之一或更小的**
規模參與，這樣就可以把損失控制在可承受的範圍之內。就像大
人們買樂透彩券一樣，偶爾花幾百或幾千元「試試手氣」是可接
受的，但如果常態地花費上萬甚至數十萬元「賭運氣」，或許就
本末倒置了。

$ 買房也是一種槓桿投資

換個角度來想，金雞樂透和一般人買房的經驗也有相似之
處，如同第 4 課的討論，若自備 20% 的頭期款，融資 80% 的房
屋貸款，就相當於運用了 5 倍槓桿。隨著時間的經過，逐漸攤還
貸款本金和利息，就是降低槓桿的過程（這也是大部分人買房獲
利的關鍵因素之一）。

不過由於每個人運用槓桿的能力和意願都不同，所以我們在
圖表 8-4 僅運用每月 200 元作為概念介紹，如果家長們對運用槓
桿具有一定的認知和經驗，可以適度地提高槓桿；相反地，如果
槓桿對你來說仍有如「洪水猛獸」一般，也無須勉強。

再次強調，金雞樂透並不是必要的投資，然而就像章節 3-2
的討論，運用槓桿在現代金融環境裡已經是常見的行為，一般人
貸款買房，或經營企業融資，都是一種運用槓桿的行為，雖然我

們不一定要借錢投資，但應該了解其特質與正確應用的方法。

$\$$ 認清槓桿的虧損風險

　　話說回來，讓我們來回顧一下金融海嘯時期的槓桿風險。以美國 S&P 500 指數的 ETF「本尊」（SPY）和 2 倍槓桿 ETF「正2」（SSO）為例，若從金融海嘯尾聲、2008 年底的相對低點開始投資持有至 2021 年底，不計股息的年化複利率分別是 13.6%和 26.9%，後者約為前者的 2 倍，可見透過槓桿實現加倍的績效並不是不可能的事。

　　然而，如果把金融海嘯的波動納入，也就是從 2007 年高點開始計算投資上述 ETF 至 2021 年底，不計股息的年化複利率就只剩下大約 8.2% 和 13.33% 而已！因為在 2007 ～ 2009 年金融海嘯期間，「本尊」與「正 2」ETF 的最大跌幅分別高達 57.4%與 86%！

　　進場時間差距短短 2 年，結果卻有如天壤之別，可見嚴重的市場下跌加上財務槓桿放大的波動風險絕對不可小覷！而且跌幅越大，復原的難度也越高。試想一下，投資 100 元的本金若下跌 10%，從 90 元要回復到 100 元需要上漲 11% 以上；若下跌 50%，從 50 元回復到 100 元需要上漲 100%！若下跌90%，從 10 元要回復到 100 元需要上漲 900%！我稱此為「漲

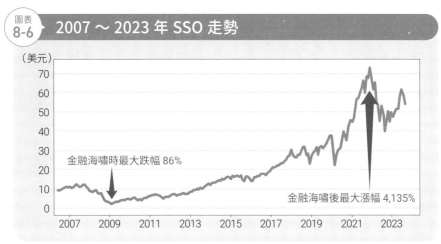

圖表 8-5 **金融海嘯前後 SPY、SSO 年化複利率變化** 單位：%

項目	2009 ～ 2021 年	2007 ～ 2021 年	最大跌幅
SPY	13.6	8.2	57.4
SSO（2X）	26.9	13.33	86

圖表 8-6 **2007 ～ 2023 年 SSO 走勢**

（美元）

金融海嘯時最大跌幅 86%

金融海嘯後最大漲幅 4,135%

資料來源：TradingView

跌不對稱」。

所以金雞樂透也是採用定期定額的被動投資法，以達到分散投資風險的效果。

💲 不定期不定額的加碼投資方法

當然了，如果讀者平常就有主動關注金融市場的習慣，也可

以考慮只在空頭市場時（股市跌幅超過 20%），採用「不定期不定額」的方式主動加碼金雞樂透，這也是一種彈性的應用方式。

我在 2020 年第 1 季疫情爆發初期，第一次嘗試幫孩子買進 S&P 500「正 2」ETF 的金雞樂透，隨著市場迅速回升，報酬率在 2021 年第 4 季曾一度逼近 200%（圖表 8-7）。

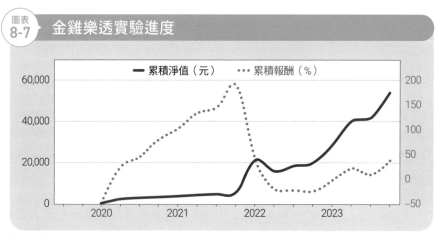

圖表 8-7　金雞樂透實驗進度

資料日期：2020/3 ～ 2023/12

第二次則是在 2022 年烏俄戰爭、通膨飆升，股市再度陷入空頭市場時，我又陸續買進 Nasdaq「正 2」ETF。由於這次投資金額較多，因此績效顯著下跌，在 2022 年底曾跌至 –23% 左右，但截至 2023 年底，報酬率已回升到 39% 左右，如果能夠幸運地持續累積複利的話，我相信長期結果仍會是令人振奮的！

不過，就算投資過程一切順利，有一天也真的累積了億萬「彩

金」，卻在即將（或已經）邁入退休階段時遭遇股市大跌呢（就是章節 7-5 節提到的報酬順序風險）？尤其是像金融海嘯時超過 80% 以上的帳面損失，肯定是多數投資人無法承受的！畢竟，一度「中獎」卻又接近「歸零」的感受，可能更令人加倍挫折！

$ 控制槓桿自己來

同樣地，我們可以透過控制槓桿（或稱為「曝險」）的方法來降低風險。舉例來說，請讀者同步開啟線上試算表對照以下內容：按照原本的規劃，理想上在計畫啟動後的第 33 年，金雞樂透的規模就有機會追上原型金雞的規模，分別達到約 590 萬元，此時的整體槓桿倍數大約 1.5 倍。

假如投資人因為個人能力或意願決定降低或不再運用槓桿，可以賣出部分或全部金雞樂透，把規模減半或清空，轉投入原型金雞，如此就可以降低槓桿的倍數，那麼就算再次遭遇大型股災，也能有效控制風險。

根據上述情境，如果投資人決定清空金雞樂透，轉投入原型金雞（請讀者自行將第 34 年的金雞規模 A 加上前一年度的樂透規模 B 餘額，並將第 34 年的樂透規模 B 歸零），理想上在計畫啟動後的第 41 年左右，金雞就有機會成長到 2,400 萬元以上，平均每月可提領的金蛋約 3.3 萬元（經通膨調整），實現「破關」

目標。

　　所以簡單地說，處理報酬順序風險就是降低持股的曝險部位，在風險與報酬之間取得平衡，這也是「資產配置」的概念，稍後在第 9 課會有更完整的討論。

> **Tips　睡不著就是買太多了**
>
> 關於個人的風險承擔能力或意願，我有一個非常簡單的判斷方法，如果因為投資而無法安心入眠，就表示持有的部位已超出個人的風險承擔範圍了，這時最好的方式就是減少持股，直到能夠安心入眠為止。

$ 金雞計畫最難的是「持之以恆」

　　雖然金雞計畫和金雞樂透的原理簡單易懂，但知易行難，因為人性是最大的挑戰，尤其是當資金真的累積到了一定規模之後，別說是下跌 80%，就連下跌 20%，也會有很多投資人因為承受不了壓力而賣股出場，甚至再也不進場，造成投資計畫中斷，這就是我們在章節 5-3 提到的執行風險與紀律的重要！所以我才會戲稱自己是「指數教徒」，畢竟投資真的需要一種信仰！

　　當然，還是再次強調，**金雞樂透的本質是以小搏大，具有高度風險，我們的投資還是以無槓桿的大盤型 ETF 為主**，切忌本

末倒置，否則一旦投資「歸零」，那就得不償失了！

關於槓桿型 ETF 在投資實務上的細節與注意事項，請參考附錄 3 說明。

開啟金雞計畫
家長和孩子一起做！

常有朋友問我，為什麼要推廣和鼓勵大家加入「金雞計畫」呢？理財教育是我的志業，如果因為這樣的推廣，每個伙伴每年能夠鼓勵 2 個朋友（家庭）參與，按照複利的邏輯，20 年後，我們很有可能累積協助 100 萬個家庭提升財務實力，幫台灣培養出 100 萬個千萬、甚至億萬富翁！

　　或許這是我天真的想法，但我期許當這個社會有更多家庭可以不用再為金錢問題煩惱，並且願意分享與回饋這些經驗與資源時，可以為台灣帶來更多穩定的正能量，讓我們居住的家園變得更好！這也是我投入理財教育的使命與願景。

💲 展開行動並一起追蹤進度

　　那麼要如何參與呢？其實很簡單，以下節錄我在個人部落格

上的說明：

①**開戶**：如果孩子還沒開證券戶，請先幫孩子開戶（或以家長帳戶暫代，未來再移轉贈與）。

②**約定**：和國內券商約定自動「定期定額」扣款（每月 1,000 起），或每月找一天自行手動下單買零股。金雞計畫以投資大盤型 ETF 為主，請參閱圖表 7-12，但各家券商可定期定額標的不同，開戶時請先確認。

③**金額**：未成年人建議以每月 1,000 ～ 2,000 元為主，但各家庭情況不同，可自行斟酌彈性增加或降低，更歡迎家長也用自己的資金開始進行金雞計畫。

④**記錄**：每一季末請伙伴記錄與分享投資現況，歡迎親子一起追蹤、觀察、討論金雞規模的成長與變化，協助孩子認識複利觀念，養成儲蓄投資的習慣。

⑤**交流**：我會每季更新投資進度，不定期舉辦分享會，參與記錄伙伴將享有優先參與權，以及加入專屬群組諮詢權益。

⑥**分享**：若你認同我的理念，或因參與本計畫而獲益，請將你的經驗、心得分享給 2 位以上親友一起參與，讓本計畫的參與人數能透過你的分享而複利成長，讓更多孩子與家庭建立合理有效的投資方法，擺脫財務問題的桎梏。

最後要提醒的是，**金雞計畫並非投資建議，是我個人規劃**

的 10 年長期實驗，參與者不應預期結果一定獲利 ，投資盈虧敬請自行負責。此外，雖然我以「退休」為長期目標，但可根據個人需求調整於教育、創業、旅遊基金等各種理財目標，並可隨時終止。

掃描 QR Code，加入金雞計畫並追蹤最新進度。

💲 投資海外 ETF 的 3 種方法

由上述說明可知，加入金雞計畫的第一步是先開立證券戶，由於許多從未接觸過股票投資的人都會遇到開戶問題，所以也一併在此說明。

首先，如果你打算主要投資國內的大盤指數型 ETF（如 006208、0050），選擇居住、工作所在地附近，具有知名度的券商開戶就可以。成人的開戶比較簡單，可以直接申請線上開戶，搜尋各券商網站或洽詢客服人員都可以得到清楚的介紹，所需要的文件與相關手續細節也可以直接洽詢券商。

至於未成年人的開戶比較麻煩，尤其孩子滿 7 歲之後需要本人簽名，通常只能利用寒暑假，或者可以考慮請家長先開戶，未

來等孩子成年開戶後再移轉也是一個變通方法（若金額較大需考慮贈與稅）。

其次，如果你打算主要投資海外的大盤指數型 ETF，如美國 S&P 500 指數（VOO、SPY），或著重科技股的 Nasdaq 指數（QQQ），有 3 種方法可以選擇：

①投資國內發行的海外 ETF

元大 S&P500（00646）、富邦 Nasdaq（00662）是國內業者所發行、投資海外市場的 ETF，投資這類 ETF 優點是一樣在國內券商開戶就可以投資，缺點是比起美國的「本尊」ETF，追蹤績效落差較大、管理費率也比較高，長期下來可能會有績效落後的問題，不過我的孩子目前是用這種方式。

②開立複委託帳戶

「複」就是重複的意思，簡單說，就是透過國內券商，再委託海外券商下單，所以實際上經過 2 道手續。優點一樣是在國內券商開複委託帳戶就可以投資，有些券商也提供定期定額投資海外股市的服務（但投資標的有限制），而且未成年人也能開戶。但最大缺點就是一隻豬扒兩層皮，手續費率較高。

③直接開立海外券商帳戶

我自己是選擇這種方式，優點就是交易 ETF 零手續費，而且開戶都有中文介面，只要在網路上就可以完成，非常方便，投

資標的更是多元豐富。缺點是海外券商一般沒有定期定額投資ETF 的服務，投資人必須有紀律地定期投資。另外是換匯的手續，不過如果是長期投資，其實只要單筆匯出，並不須頻繁轉換。還有就是開戶手續要自己辦理，不過目前網路上都可以搜尋到非常完整的海外券商開戶教學，所以對於真正有心進軍海外股市的投資人，應該也不算是問題了。

提醒一下，開戶手續與相關制度請以券商最新公布資訊為準。

⑤ 陪伴的過程才是重點

在這一課的尾聲，請讓我用截稿前的最新實驗進度作總結。我帶著 2 個孩子從 2019 年暑假開始啟動金雞計畫，截至 2023 年底，4 年半來累積的結果如圖表 8-8。

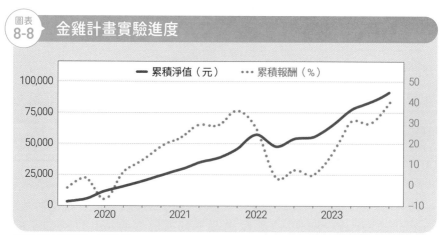

圖表 8-8 金雞計畫實驗進度

資料日期：2019/7 ～ 2023/12

　　我們主要投資美國 S&P 500 指數 ETF（00646）與 Nasdaq 指數 ETF（00662），總投資成本為 65,253 元，帳面市值為 91,513 元，累積報酬率約 40.2%。

　　雖然經歷了 2020 年新冠病毒疫情、2022 年烏俄戰爭與高通膨促使聯準會升息等重大事件所引發的股市修正，以實際投資日期換算 4 年半來的年化複利率（XIRR）仍有約 15%，超過我們期望的 10%，我個人覺得相當滿意。

　　說到這裡，我想再特別補充一下，我收到不少家長回饋，他們早就開始默默地執行「類金雞計畫」，幫孩子投資 ETF 或個股，打算等孩子成年累積到一定的金額再交給孩子自己管理。但我覺得有些可惜，因為他們沒有和孩子討論計畫的內容或進度，**而金雞計畫最有價值的部分其實就在於過程。**

　　2022 年因為烏俄戰爭、通膨、聯準會升息等因素，全球股市陷入衰退的空頭市場，下跌幅度高達 20% ～ 40%，我們家的金雞也大幅縮水。別說是孩子，就連許多成年人看到自己的投資組合減損，就中斷或放棄了投資的計畫，結果也錯過接下來的股市反彈回升。

　　可是我們還是按部就班地持續加碼，我也藉機和孩子討論當時的經濟環境，引導孩子持之以恆地執行，**陪伴孩子一起經歷空頭市場之後，孩子才有機會學到未來應該如何面對與因應的方法**

和信心。這和把一大桶金直接交給孩子，有如從天而降的意外之財是完全不同的。

所以我想提醒家長們，定期和孩子討論、共同學習的陪伴過程才是金雞計畫真正的重點。

關於金雞計畫、金雞樂透的最新進度，未來我也會每季更新在我的「親子理財教練豬力安」部落格上，請趕快掃描第256頁 QR Code，一起加入金雞計畫的行列，希望很快能在線上和你見面！

讀完本章後，請在 3 天內和孩子約定 1 次或數次 30 分鐘以上的空閒時間，找一個安靜舒適的環境，一起討論以下問題：

❶ 什麼是「金雞計畫」？

❷ VOO、SPY、0050 等 ETF 上市以來的年化報酬率大約是多少？

❸ 什麼是「4% 法則」？

❹ 複利三要素中，哪一項對年輕人最有利？

❺ 如果你可以管理自己的錢，你計畫每天存多少錢投資？請回顧章節 5-2 內容，並參考圖表 8-1，10 年後（或大約 25 歲時）你的「金雞」和「金蛋」可能分別會是多少？ 50 年後（或大約 65 歲時）又是多少？請定期更新你的理財成績單。

損益表	
工作收入 _____ 元	
投資收入 _____ 元	
每月支出 _____ 元	

資產負債表	
資產	**負債**
項目 _____ 元	**淨值**
_____ 元	
_____ 元	_____ 元
_____ 元	

親子理財任務

如果孩子還沒有證券交易帳戶，請在 3 天內和孩子約定一個時間，一起到券商開戶，並先洽詢券商確認開戶所需的證件及手續，以及約定「定期定額」投資大盤 ETF 的方案。

投資篇

PART 2

- 第 9 課 -

＼談退休後的金雞／

活到老、花到老

老師，如果有一天我們真的退休了，金雞該怎麼辦呢？

這是一個非常棒的問題！首先我要先說聲「恭喜」！如果確實執行金雞計畫，經過多年的堅持與累積，我相信你們應該都可以實現「財務自由」的目標！

不過，下一步絕對不是殺雞取卵，把金雞賣掉全部換現金喔！因為退休後的日子可能會超過30年、甚至40年以上，在這麼漫長的日子裡，通貨膨脹勢必仍將如影隨形地影響著我們的生活。所以，我們還是得持續照顧我們的金雞，別讓牠因為通膨而縮水了。

此外，我們還是會面臨股市漲跌的變化，或許真的有人鍛鍊出鋼鐵般的信仰，可以對市場起伏不為所動，不過我相信大多數人面對市場下跌還是會緊張，尤其是退休後可能就沒有工作收入了，面對下跌的不安全感更容易被放大。而且，退休之後我們可能就沒有多餘的資金可以再投資金雞，反而要開始領金蛋了。

啊！光是前陣子的市場下跌就讓我差點不想繼續投資金雞了，這真的是很困擾耶！那有什麼方法嗎？

有喔，我們可以幫金雞調整一下「體質」，把一部分的資金改投資到比較保守的工具上，或者只換一部分現金就好，這就叫做「資產配置」，讓我們來看看以下的例子吧。

在本書的最後一課，我們就來談談退休後，如何透過資產配置的方法，讓我們的退休生活不受影響。

面對金融危機
3 種資產配置方式

我常說，投資人最重要的功課之一就是學會如何處理空頭市場的下跌風險，通常不外乎 3 種方式：接受它、避開它、利用它。

①**接受它**：接受市場下跌與資產減損，耐心等待市場回升。

②**避開它**：及早減少或出清持股部位，盡可能降低損失。

③**利用它**：逢低買進累積資產。

而「資產配置」可以說是一個 3 者兼具的權宜之計。

請試著想像一下這個情境，我們努力了多年，終於養成一隻價值 1,200 萬元的金雞母，正準備從中提領 3%，也就是 36 萬元的金蛋開始享受退休生活，沒想到就遇上經濟衰退，股市遭遇強大逆風重挫，有如 2008 年金融海嘯重演！該怎麼辦才好？有沒有什麼方法可以降低市場波動的影響呢？

　　這裡補充說明一下，在原本的 4% 法則研究裡，只有第 1 年提領的比例是本金的 4%，第 2 年起則根據前一年的提領金額加上通膨幅度，調整提領金額，但這裡採取比較大膽的試算方式，我們設定提領 3% 的金蛋，若以 2021 年台北市每人每月 3 萬多元的平均支出金額為準，無論金雞規模如何變化，每年都必須提領 36 萬元才能維持生活品質，所以我以 36 萬元作為最低提領額，提領方式是在每年最後一天賣出部分持股變現。當然，實務上在面對資產下跌時還是應該盡可能減少提領的金額。

　　也許我們無法精準預測未來，但還是可以借鏡歷史。假設時光倒流，有位投資人剛好就是在 2007 年金融海嘯前的股市高點退休，應該如何因應？以下我追蹤了 3 種情境，以 2008 ～ 2022 年的實際市場走勢觀察退休後的金雞規模變化，結果如圖

圖表 9-1　2007 年退休 3 種情境資產狀況

項目		2008	2009	2010	2011	2012
SPY	漲跌幅（%）	-38.3	23.5	12.8	-0.2	13.5
IEF		13.2	-10.1	5.9	12.5	1.8
情境 1 100% 持股	資產（萬元）	682	807	874	837	913
	增減幅度（%）	-41.4	18.2	8.4	-4.3	9.2
情境 2 50% 持股 + 50% 現金	資產（萬元）	905	976	1,002	965	994
	增減幅度（%）	-22.2	7.8	2.7	-3.7	3.0
情境 3 50% 持股 + 50% 公債	資產（萬元）	982	1,012	1,071	1,101	1,149
	增減幅度（%）	-15.6	3.0	5.8	2.8	4.4

說明：不計配息與交易成本，股票以 SPDR 標普 500 指數 ETF（代號 SPY）為例，債券以 iShares 7-10 年期美國公債 ETF（代號 IEF）為例。

表 9-1、圖表 9-2 所示。

💲 情境 1 ／ 100% 持股

這是原型金雞計畫的情境，完全持有大盤型 ETF（SPY）。

由於股市在 2009 年初才真正落底，**因此退休族 2007 年退休沒**

圖表 9-2　**2007 年退休 3 種情境資產變化**

2013	2014	2015	2016	2017	2018	2019	2020	2021	2022
29.7	11.3	−0.8	9.6	19.4	−6.3	28.8	16.2	27.0	−19.5
−7.7	6.8	−0.4	−0.7	0.7	−1.3	5.8	8.8	−4.1	−16.7
1,148	1,240	1,193	1,269	1,469	1,335	1,667	1,878	2,315	1,808
25.7	8.0	−3.8	6.4	15.8	−9.2	24.9	12.7	23.2	−21.9
1,106	1,132	1,092	1,108	1,180	1,106	1,227	1,287	1,417	1,241
11.2	2.4	−3.6	1.5	6.4	−6.2	11.0	4.8	10.1	−12.4
1,237	1,309	1,262	1,279	1,365	1,273	1,449	1,581	1,709	1,358
7.7	5.8	−3.6	1.3	6.7	−6.7	13.8	9.1	8.1	−20.6

多久就經歷了超過 50% 的帳面損失，金雞規模一度不到 600 萬元，直到 2008 年底時回升至 682 萬元。而且因為資產大幅縮水，每年提領 36 萬元的預算實際上已經遠超過 3% 的比例，壓力實在不小。

所幸後來市場回穩，金雞規模在 2014 年底重新站回 1,200 萬元大關，之後幾乎每年都能維持在 1,200 萬元以上，而且到 2022 年 7 年來總共提領 252 萬元，不僅能維持基本的生活水平，之後提領的金蛋也都超過 36 萬元，可以跟上通貨膨脹的變化。在這個情境下，雖然順利度過經濟逆風的難關，不過坦白說過程相當煎熬。

⑤ 情境 2 ／ 50% 持股＋ 50% 現金

調整金雞的「體質」，改為每年底提領金蛋後進行「再平衡」，也就是低買高賣，如果現金占資產比超過 50%，就把超額的部分投入股市 ETF；相反地，如果 ETF 市值占比超過 50%，就賣出超額部分，將股市 ETF 與現金的比例維持在 50：50 的平衡點，而且每年底都重新調整一次。

由於持股減半，所以在 2008 年的大空頭市場中，損失的情況也大幅減半，**相較於情境 1 的金雞縮水了 41.4%，情境 2 在 2008 年底只縮水 22.2%**，退休族的壓力獲得舒緩。不過，由於

持股減半，現金無法增值，所以在後來股市回升的年度裡，金雞
成長幅度也不如情境 1 的 100% 持股，一直到 2019 年才重新回
復到 1,200 萬元的規模，期間提領金蛋的總額也相對較少，如果
是在通膨高漲的環境下，生活品質可能會打折。

⑤ 情境 3 ／ 50% 持股＋ 50% 公債

　　和情境 2 一樣每年「再平衡」，但採用「股債平衡」方式，
除了保留一半資產持續投資股市 ETF 之外，另一半則改投資美
國政府公債 ETF。

　　由於股市崩盤時公債逆勢上漲，發揮避險效果，**所以這隻金
雞在 2008 年縮水的情況最輕微，只有 –15.6%**，大幅緩解退休
族的壓力。而且在股市回升的年度裡，仍能保持一定的成長幅
度，讓金雞在 2013 年就領先重返 1,200 萬元的規模，雖然後續
的成長幅度不若情境 1，不過也都能維持在 1,200 萬元的水平以
上，而且每年提領的金蛋也能隨著金雞規模穩健成長。

　　由此可知，金融危機發生時，情境 1 完全持有股票 ETF 的
**波動對退休族的壓力最大；情境 2 藉由減碼變現的方式來降低波
動程度；情境 3 進一步將現金投入公債 ETF，可以說是兼顧成長
與防守的折衷方案，適合退休族作為資產配置的參考選擇之一。**
關於公債與利率的關係，我們會在下一個單元進一步說明。

9-2

理財是一輩子的功課
活到老也學到老

在章節 7-2 簡單介紹過，債券就是一種「向大眾借錢」的概念，而根據發行單位的不同，債券可以簡單分為政府債券和公司債券，其中政府債券也就是我們在在上一章節情境 3 提到的公債。

公債是由國家政府發行的債券，被視為最安全的債券形式之一，畢竟國家向你借錢，由政府保證付息、到期時還錢，是一種相對保守穩健的投資工具。不過有些國家政治、經濟發展不穩定，還是有倒債風險，因此在我們的退休投資組合中，是選擇全球經濟霸主美國的公債。而由公司企業發行的債券，雖然通常具有較高的利率（可以拿到較高的利息），但相對風險也較高，因為企業的經營狀況會影響債券的償還能力，一旦公司倒閉，可能血本無歸。

💲 股債平衡策略的優缺點

上一章節的情境 3 提到「由於股市崩盤時公債逆勢上漲，發揮避險效果」，為什麼公債可以降低投資組合的波動？主要是因為，當經濟衰退引發股災時，央行通常會採取降息政策紓困，進而導致公債的殖利率跟著下滑，例如 2020 年疫情初期就是一個經典的案例。

而公債（ETF）的價格和殖利率呈現反向關係，當殖利率下滑時，公債（ETF）價格上揚。

舉例來說，2007 年 1 月美國 10 年期公債殖利率高點約 4.9%，在金融海嘯後一路下滑至 2009 年 1 月低點約 2.15%，同期間美國 10 年期公債 ETF（IEF）則是從 81.64 美元上漲至

圖表 9-3　美 10 年公債殖利率與公債 ETF 走勢相反

資料來源：TradingView

99.22 美元，漲幅約 21.5%，附錄 4 整理了在台灣掛牌的美國公債 ETF 資訊。

不過，公債 ETF 在情境 3 的避險特性並非百分之百適用，例如在 2022 年，**美國央行為了遏止通膨，連續快速調升利率緊縮資金，市場就出現了「股債齊跌」的罕見情況。**

相較於 2008、2020 年政府公債發揮了良好的避險效果，在 2022 年的政府公債則是完全相反地疲弱。如果從 2020 年 3 月，美國聯準會迅速降息與實施 QE 政策起算，截至 2023 年 10 月的低點，美國 10 年期公債 ETF（IEF）已從 123.41 美元高點下跌至 88.86 美元，跌幅高達 27.99%，比起股市的空頭市場一點也不遑多讓。

理財是一輩子的功課

回顧章節 3-3、3-5 關於利率與央行的討論，自 1980 年代以來，美國 10 年期公債殖利率從 15% 以上的高峰大幅下降至 2020 年初的 0.398% 低點，開啟了債券市場 40 年的大多頭（殖利率下跌、債券價格上漲），如圖表 9-4 所示。

由於股市與債市長期走揚，但在短期股市修正時又能互補，造就了所謂「股債平衡」策略的傑出表現，這也是許多國際大型機構投資人所熟悉的投資方式，例如全球規模最大的避險基金橋

圖表 9-4　美國 10 年期公債殖利率

2022 年美國央行為了遏止通膨，連續快速調升利率，公債殖利率跟著上升。

資料來源：TradingView

水（BridgeWater）就是以善用相關策略管理資金而聞名。

　　然而這個利率長期下滑的趨勢，直到 2022 年由於通膨因素，又開始快速回升到接近 5% 的水平，雖然我個人揣測未來公債殖利率應該不容易回到 2 位數百分比的光景，不過個人的經驗有限，畢竟我沒有真正經歷過 1970 年代前的債券大空頭市場（殖利率飆升、債券價格暴跌），所以未來如果真的因為某些事件再次觸發長期的高通膨環境或殖利率上漲，那麼債券市場的大空頭也可能捲土重來。

　　因此，股債平衡策略雖然實用，然而當投資人身處於升息循環的時空時，或許還是得暫時避免參與債券類型的投資，以免遭受股債齊跌的雙重打擊。以 2022 年的經驗，選擇情境 2 配置部

分現金可能會是更務實的選擇。

相對地，如果未來利率再次進入降息循環，債券投資的優點又會再次發揮功能了，這也是我們必須借鏡與持續關注的變化，再一次證明，管理投資組合真的是投資人一輩子的功課。

但話說回來，**如果金雞規模已經成長到遠超過一生所需的水平，不一定要執著在金雞的管理**，或許更應該把時間心力投注在生活的當下，以及思考我們在第 6 課討論的回饋與傳承，幫助他人與社會變得更好，其實更有意義！你覺得呢？

行文至此，本書也將進入尾聲，再次謝謝你的閱讀（以及和孩子的討論），希望這本書的內容對你在理財教育上能有所幫助。

讀者們若能透過本書的金雞計畫，幫孩子和自己做好退休準備、享受樂活人生，讓投資理財成為我們的助力而非痛點，而孩子們也能以此為基礎更勇敢地探索內心真正學習的熱情所在，那麼本書也算是小有貢獻了。

Tips 模擬資產配置狀況

網路上有許多模擬資產配置的工具網站，可以回顧歷史的投資成果，例如 Portfolio Visualizer。有興趣的讀者歡迎利用這個網站自行配置不同比例的 ETF 投資組合，觀察近 40 年的資產變化，相信對管理個人投資組合會有更清楚的認識。再次提醒，歷史績效並不能保證未來績效。

NOTE

專業投資人的一天

可能有很多人好奇，專業投資人 1 天的生活作息是如何安排的？除了我自己之外，我所認識的一些專業投資人，大家的生活模式都蠻類似的，大多數時間都在研究為主。

根據研究方法不同，可以簡單分為量化和質化 2 種，當然這並不是絕對的二分法，大部分投資人 2 種方法都會使用，只是根據自己的個性與專長，可能會更偏向其中某一種方法。以我自己來說，我比較屬於量化分析型的投資人，所以研究內容大部分是和觀察或整理數據資料有關。

◎ 6:00 起床

通常一天的開始，我會在早上起床後先檢視前一天美國股市的收盤行情，決定是否要下單買賣股票，可以說是一早起床就開始工作了。雖然美國股市開盤時間和台灣日夜顛倒，不過在台灣

時間早上 4 點到 8 點之間都可以進行盤後交易（冬令時間會延後 1 小時）。

　　早上 8 點以前，除了股票交易之外，我會一邊吃早餐，一邊瀏覽當天的全球財經新聞，告一段落之後，也差不多是準備送小孩上學的時間。

◎ 9:00 工作

　　9 點是台灣股市開盤交易的時間，也是一般上班族開始工作的時間。

　　通常我會觀察一下開盤的股市表現，如果需要下單交易，會在網路上直接設定好交易單；到下午 1 點半股市收盤前，如果沒有特殊情況，我大部分時間都在閱讀，大量的閱讀。包括繼續瀏覽還沒看完的新聞、檢視投資社群上的訊息，也會根據這些訊息進行數據資料的更新或調整。

　　疫情期間我開啟了理財教育的斜槓工作，除了研發教材外，如果收到朋友或客戶提出的重要問題，我也會在這個時段回覆或進行線上會議。此外，我也會不定期透過寫作的方式，整理一些投資想法，並藉由臉書或 Line 等社群平台分享。

◎ 12:00 午休

　　中午 12 點到下午 2 點是午休時間，除了吃午餐，有時我也會小睡 20 分鐘休息一下。

◎ 14:00 工作

下午 2 點到 4 點，工作內容大致和上午相同，除了上課或開會，就是閱讀和研究。不過我所認識的許多質化分析型投資人，通常會在下午安排大量的訪談與會議，例如拜訪公司、參加法人投資說明會（簡稱法說會）、產品發表會等，因為這就是他們蒐集資訊和研究的主要方式。

專業投資人的時間比較彈性，也有人會安排一些休閒活動，例如我以前住的社區有游泳池，就會利用下午時間去運動。另外，也會利用平日安排旅遊，避開假日的人潮。不過，就算是旅遊，通常還是會安排一定的空檔關注研究，因為這些工作已經是生活的一部分了。

◎ 16:00 休息

下午 4 點之後，準備接孩子放學，接著就是家庭時間。在晚餐後到 9 點半美國股市開盤之前的時間，如果需要，我會繼續白天未完成的研究，或者提前準備下單交易的工作（美國股市在台灣時間下午 4 點到 9 點半屬於盤前交易時段）。

9 點半美股開盤之後，如果沒有意外，我會稍微觀察一下開盤的狀況，或者調整一下交易單，大約晚上 10 點左右就上床睡覺了。

以上只是我個人的作息，不代表所有專業投資人都是如此。

不論是那一種模式，如果上述的生活模式可能是你嚮往的型態，那麼的確可以考慮朝專業投資人這個方向去努力。相對地，如果你不喜歡枯燥的研究工作，也無須勉強。

如本書所述，就算不是專業投資人，還是可以把投資做得很好，而且成績未必會輸給專業投資人。更重要的是，業餘投資人還有本業的工作收入可以支應生活和投資。

所以我常鼓勵學生們，努力探索自己的興趣與熱忱，找出一項或多項自己熱愛的工作，搭配「金雞計畫」，也可以獲得出色的長期投資成果。

金雞計畫試算表

$\mathbf{\large 本}$書介紹的金雞計畫不只適用於學生，其實有許多家長、老師也已加入「養金雞」的行列，掃描第 242 頁上的 QR Code 就可以連結到線上試算表範本（包括圖表 8-1、8-4），歡迎自行下載檔案，搭配以下的操作，將更有助於理解金雞計畫的邏輯。

強烈建議讀者使用桌上型電腦或大螢幕瀏覽工具以取得最佳瀏覽體驗（必須先從 Google 試算表功能列的「檔案」選擇「建立副本」或「下載」，否則將無法編輯檔案內容，請讀者留意）。

在此以 45 歲的成年人為例，若在試算表的 A2 欄位自行輸入平均每日投資金額 700 元，向下查詢第 20 年（65 歲）可以看到金雞規模 16,352,639 元、金蛋 30,353 元。換句話說，45 歲的成人若想要在退休時（20 年後）領到每月 3 萬元（經通

膨調整）以上的金蛋，每年參與金雞計畫的投資金額大約需要255,500 元，也就是每個月 21,000 元以上才有機會實現。

根據 2022 年的統計數據，台灣家庭的平均儲蓄金額大約是27.4 萬元，如果要求每人每月投資 2 萬多元，其實已經接近一整個家庭的平均儲蓄水平，相對難度較高。由此可知，距離退休的時間越近，想藉由提高投資金額達成目標的門檻越高，這也是我一再強調投資複利應該從小開始的主張！

假如無法提高投資金額，還有什麼方法嗎？以下是幾個可以思考的方向：

①多元收入（開源）

如果是目前 45 歲左右的朋友，退休時應該會有一筆政府的勞工退休金；或者也可以考慮在退休後從事兼職工作，不僅維持生活重心，也能創造多元收入。

根據勞保局 2022 年統計，台灣退休勞工的勞保老年年金給付平均月領金額約為 1.8 萬元。如此一來，只需要 1.2 萬元的金蛋就能補足每月 3 萬元收入的目標，換算後相當於平均每日投資300 元（約每月 9,000 元）就有機會實現。

②減少支出（節流）

做好預算規劃，將開銷水平控制在每月 3 萬元以下，例如每月 2.5 萬元（經通膨調整），如此一來，平均每日投資金額也可

以從 700 元降低至 580 元（約每月 17,400 元）左右。

③延後退休

增加複利時間，如果情況允許，例如延後 5 年退休，同樣以 45 歲的成人為例，平均每日投資金額就可以從 700 元降低至 450 元（約每月 13,500 元）左右。

④提高績效

考慮運用章節 8-2 的金雞樂透提升績效，雖然會增加波動風險，但如果將投資金額控制在可承受的損失範圍內，不失為一種搭配的選擇，但仍須考量整體槓桿倍數與風險。以 45 歲的成人為例，如果每月額外加碼金雞樂透 2,000 元（請於試算表的 G6 欄位自行輸入 24,000 元），若結果沒有歸零，就有機會在 20 年後每月多領約 1 萬元的金蛋。

礙於篇幅，無法針對每個年齡層逐一說明，歡迎讀者自行運用線上試算表調整投資金額，找出最適合自己的「金雞＆樂透計畫」吧！再次強調，圖表 8-1、8-4 只是複利概念的試算，實際投資 ETF 時會因價格波動而產生偏離，提醒讀者留意。

附錄 3

槓桿型 ETF
投資注意事項

前面提到，我們不需要把財務槓桿視為洪水猛獸，而是了解正確應用的方法，這裡就來看看槓桿型 ETF 投資的注意事項。

開戶規定

投資人買賣槓桿型 ETF，須簽具風險預告書，同時要具備下列條件之一：①已開立信用交易帳戶；②最近 1 年內委託買賣認購（售）權證成交達 10 筆以上；③最近 1 年內委託買賣台灣期貨交易所上市之期貨、選擇權交易契約成交達 10 筆以上。

委託人首次買賣槓桿反向指數股票型期貨信託基金受益憑證時，應詳讀並簽署槓桿反向指數股票型期貨信託基金受益憑證檢核表，證券商才能接受其託（最新規定以主管機關公告為準）。

長期走勢不一定有 2 倍

槓桿型 ETF 追蹤的是原始指數標的「每日」2 倍的波動，所

以長期走勢不一定符合 2 倍的結果，試算如下。

情境 1　連續 2 天上漲

說明	標的指數	2 倍槓桿 ETF
第 1 天	5%	10%
第 2 天	5%	10%
累積報酬	（1＋5%）×（1＋5%）－1＝10.25%	（1＋10%）×（1＋10%）－1＝21%
累積報酬 2 倍	10.25%×2＝20.5%	指數連續上漲時，2 倍槓桿 ETF 累積報酬＞標的指數累積報酬 2 倍

情境 2　連續 2 天下跌

說明	標的指數	2 倍槓桿 ETF
第 1 天	−5%	−10%
第 2 天	−5%	−10%
累積報酬	（1−5%）×（1−5%）−1＝−9.75%	（1−10%）×（1−10%）−1＝−19%
累積報酬 2 倍	−9.75%×2＝−19.5%	指數連續下跌時，2 倍槓桿 ETF 累積報酬＞標的指數累積報酬 2 倍

情境 3　先漲後跌

說明	標的指數	2 倍槓桿 ETF
第 1 天	5%	10%
第 2 天	−5%	−10%
累積報酬	（1＋5%）×（1−5%）−1＝−0.25%	（1＋10%）×（1−10%）−1＝−1%
累積報酬 2 倍	−0.25%×2＝−0.5%	指數上下震盪時，2 倍槓桿 ETF 累積報酬＜標的指數累積報酬 2 倍

持股內容

台灣 50「正 2」ETF 大部分持有的是台灣加權指數期貨，真正的台灣 50 指數期貨只占一部分，所以台灣 50「正 2」ETF 的波動實際上會更貼近加權指數的 2 倍幅度。讀者可以自行搜尋 ETF 成分股，了解各 ETF 的主要持股內容。

下市風險

證券投資信託 ETF 最近 30 個營業日平均規模低於終止門檻時，發行人可申請下市：股票型 ETF 為 1 億元、債券型 ETF 為 2 億元。所以投資 ETF 前應先確認資產規模，若已接近或低於下市門檻，則應避免投資，以免苦吞「歸零」風險。

交易週期

由於槓桿型 ETF 具有上述第 2 點長期偏離的特質，媒體多半建議短期交易，不適合長期持有。不過我的觀點與眾不同，我認為年輕時的風險承受力較強，反而應該大膽地適度運用槓桿，畢竟失敗的成本較低；一旦成功，槓桿效應加上時間紅利的結果將會相當驚人。

事實上，一般人購買房地產，或融資經營企業，都是一種運用槓桿的行為，所以不需要把財務槓桿視為洪水猛獸，而是應該學習了解其特質與正確的應用方法。

台灣掛牌的
美國公債 ETF

美國政府公債普遍被視為接近無風險的投資標的（除非美國政府倒債），因此每當金融危機發生時，就成了重要的資金避風港，加上央行的降息政策，往往會促使公債、公債 ETF 價格上漲，因此對於股市下跌具有一定的避險效果，例如在 2008 的金融海嘯、2020 年的新冠病毒疫情，公債、公債 ETF 都發揮了良好的保護功能。

台灣投資人要如何參與美國公債 ETF 的投資呢？除了開立海外證券交易戶之外，台灣自 2017 年起陸續有多檔美國公債 ETF 上市，例如（依上市時間排序）：元大美債 20 年（代號：00679B）、國泰 20 年美債（代號：00687B）、富邦美債 7-10 年（代號：00695B）、富邦美債 20 年（代號：00696B）、元大美債 7-10 年（代號：00697B）。

　　對於無意在海外開戶的投資人來說，這的確是一個好消息，只要資產規模與流動性（成交量）無虞，上述的美國公債 ETF 都可以作為股債平衡的配置標的，其中年期越長的價格波動幅度越大。

　　要提醒的是，投資台灣發行的海外 ETF，不論是股票型或債券型，由於匯率、稅務、管理等綜合因素的影響，都會和原國家發行的「本尊」ETF 有績效上的落差，這點請務必列入考量。

　　債券投資是一門相當專業的學問，所需的知識不亞於股票投資，透過公債 ETF 投資可以省下選債的工作，然而要注意的是，直接購買公債會有到期日，滿期之後投資人可以領回本金（如果沒有違約），所以可以不用在意持有期間的價格波動。然而投資公債 ETF 就相當於購買沒有到期日的公債（永續債），除非永續持有，否則仍須考慮未來出場時可能的價格（殖利率）變化與潛在損益。

和豬力安理財教練
學投資

我的理財教育系統是以金雞計畫為核心，陪伴親子家庭全方位成長，其中包括：

工作坊：包括理財入門班、投資進階班，每月週末舉辦，適合中小學階段的孩子與家長親子同樂。由於學習理財無法速成，原生家庭的價值觀才是影響我們一生的關鍵，而且對孩子而言，財務的主導權多半還是在家長手上，所以誠摯地邀請關心理財教育的爸媽一起學習。

玩理財營隊：寒暑假舉辦，適合小學三年級以上至中學階段的同學混齡學習。

投資教練：客製化 1 對 1 線上服務，適合想要做好理財與退休規劃的家長或成年人。

其中，玩理財營隊都在玩些什麼呢？

①玩桌遊：輕鬆學習理財觀念，有趣又實用！

②玩消費：試算未來生活要花多少錢，認識預算規劃。

③玩面試：看自己是否具備夢想工作的能力，而且不能入不敷出喔！

④玩金融：觀察大環境變化，只靠工作存錢已經不夠了。

⑤玩投資：學習從小開始複利，幫自己養一隻金雞母。

⑥玩利他：賺錢很快樂，幫助別人更是超級快樂啦！

我期許參與營隊的孩子都能回答下列 6 大問題,幫自己規劃一份未來的理財計畫:

①學習投資理財對我而言重要嗎?為什麼?

②我計畫未來從事什麼工作?月收入多少?(如何賺錢)

③我計畫如何投資?累積多少資產?(如何用錢賺錢)

④我計畫未來每月的消費支出是多少?(如何花錢)

⑤我計畫如何幫助別人或回饋社會?(如何捐錢、捐資源)

⑥今天起,我如何執行上述計畫?(如何計畫與執行)

趕快一起來玩吧!讓假期充實有趣又實用,同時為未來打好理財的基礎!最新活動詳情以豬力安老師社群平台公布資訊為準。

NOTE

致謝

「**我**昨天開放讓孩子轉扭蛋，孩子竟然問 60 元可以存下來嗎？阿嬤跟他們募款幫助烏克蘭難民，他們也願意捐助，有上課真的有差！」

「謝謝豬力安老師，今天上課後小孩決定開始減少支出，存錢累積資產，相信幾年後可以得到複利的喜悅。」

「我的原生家庭很傳統，很少討論錢的議題，但越不談錢，錢就離我們越遠！感謝豬力安老師，讓我和孩子建立起談錢的管道。」

「在遊戲中模擬人生，學習面對失敗與重新站起的勇氣及能力，真的很重要！很感恩有這麼棒的課程！」

謝謝家長們的回饋！很開心能夠和許多家庭在理財教育的路上一起成長，這一切的讚美，都要歸功於葉丙成老師的邀請，讓我有機會能夠在人生邁入中年之際，還能做不一樣的嘗試，為台灣的教育略盡微薄之力。

身為一個家長和老師，我常問自己，如果我們知道金錢

議題不再會是孩子此生的痛點，也知道孩子可以安心退休邁向財務自由，我們還想給孩子什麼？

我常對我的孩子說：「在你們的學生時期，我只期望你們努力探索，像葉老師說的多去『認識自己，認識世界』。若能找到自己的天賦與熱情，持續地專注投入累積，我相信你們長大後一定能夠在屬於自己的舞台上發光發熱，成為一個對世界有正面貢獻的人，我願足矣！」

你呢？也歡迎和我分享你的想法，讓我們一起學習成為更好的家長、更好的老師！

再一次，感謝葉丙成老師，以及《Money 錢》雜誌出版社副總編輯李文瑜與工作伙伴們的協助，讓本書得以順利問世。

也感謝江季芸、施昇輝、張瑜珊、張森凱、黃子欣、愛榭克、詹益鑑、詹斯敦、黎孔平、薛兆亨等各界先進友人的不吝推薦，替本書增光。

另外，在成為斜槓老師這段不長不短的 4 年時光裡，我也受到許多貴人的協助與鼓勵，請容我在此一併致謝，因為

有你們對理財教育的支持，我才能繼續走下去，特別感謝：

豬力安投資股份有限公司 全體股東女士、先生

優泉國際有限公司 陳奕錚、陳羿雯夫婦

伸烽有限公司 陳翰祥、姜婉婷夫婦

佴商名品股份有限公司 李境峰、張淑貞夫婦

伊克國際股份有限公司（比其集團） 吳貝莉協理

睿律國際顧問事務所 吳家華律師

夏裕國際有限公司 陳俞汎先生

也感謝「無界塾」與參與「玩理財」營隊的所有師生和家長們，因為你們的回饋，讓我不論是在教學上或經營上，都有了長足的進步。

也感謝參與「金雞計畫」的伙伴們，因為你們的堅持，讓我們成為更多孩子和家庭在理財教育上學習的最佳榜樣。

也感謝家人們的支持，包括經常在投資上分享許多寶貴經驗的阿姨 Grace，還有我的兩個孩子的乾爹 Hank、乾媽 Ann，總是帶給孩子們更豐富的生活經驗與視野。

也特別感謝我的爸媽、太太和兩個孩子，因為你們的啟

發，才有這本書的誕生。

最後，感謝各位讀者的撥冗閱讀。

我常對「玩理財」營隊的家長們說：「我和孩子們相處的時間只有短短幾天，但是價值觀的建立與養成，原生家庭的影響力才是一輩子的。雖然課程結束了，但是孩子們的理財人生才剛開始，讓我們親、師、生三方一起繼續努力！」

同樣地，雖然這本書結束了，但是各位的「金雞養成之路」才剛剛開始！工具我已經交給大家了，祝福各位都能持之以恆地確實執行，邁向更快樂豐盛的人生！

豬力安親子理財教練

學校沒教但孩子一定要學的 9 堂理財課

作者：豬力安（李彥慶）

總編輯：張國蓮
副總編輯：周大為
責任編輯：李文瑜
美術設計：謝仲青
封面攝影：張家禎

董事長：李岳能
發行：金尉股份有限公司
地址：新北市板橋區文化路一段 268 號 20 樓之 2
傳真：02-2258-5366
讀者信箱：moneyservice@cmoney.com.tw
網址：money.cmoney.tw
客服 Line@：@m22585366

製版印刷：緯峰印刷股份有限公司
總經銷：聯合發行股份有限公司

初版 1 刷：2024 年 1 月

國家圖書館出版品預行編目（CIP）資料

豬力安親子理財教練：學校沒教但孩子一定要學的 9
堂理財課 / 豬力安著 . – 初版 . – 新北市：金尉股份有
限公司 , 2024.01
　　面；　公分
ISBN 978-626-98240-0-7（平裝）
1.CST: 理財 2.CST: 子女教育 3.CST: 親職教育

528.2　　　　　　　　　　　112022397

Money錢

Money錢

Money錢

Money 錢